怪談四十九夜
病蛍

黒木あるじ　編著

竹書房
怪談
文庫

まえがき

黒木あるじ

死と苦になぞらえた四十九話の怪談を、少壮有為の新星から練達の士まで十名の猛者が書き記す当シリーズも、いよいよ十巻目。前作「地獄蝶」に続き、本作も昆虫が副題に冠されました。病蛍《やみぼたる》とは、秋に舞う蛍を指した季語なのだそうです。夏に産えつけられた卵から生まれてくるため身体がちいさく、発光も弱々しいとされています。季節はずれの消え入りそうな蛍火、病人の呼吸に見立てたのでしょうか。葬送にちなむ題が添えられた当シリーズに相応しい、なんとも不穏な名前です。

蛍は死者の魂である――かつて日本ではそのように信じられていたのだとか。『伊勢物語』の第四十五段「ゆく蛍」には、飛び交《か》う蛍を死者の霊魂に見立てるくだりがあり、『後拾遺和歌集《ごしゅういわかしゅう》』では和泉式部《いずみしきぶ》が「物思へば沢の蛍も我が身よりあくがれ出づる魂かとぞ見る」と歌に詠《よ》んでいます。恋焦がれて我が身を離れた霊魂が、蛍となって夜空を飛び交っている――そのように解釈したのですね。歌の詠まれた場所が丑《うし》の刻《こく》参りで有名な貴船《きふね》神社という点も、なかなか興味深いものがあります。おなじく京都では、平家に敗れて非業の死を遂げた武将・源頼政《みなもとのよりまさ》の霊が蛍になったとの言い伝えがあり、宇治川《うじがわ》にゲンジボタルが舞うさまを「蛍合戦」と呼んでいるそうです。

死の影が漂う蛍ですが、いっぽうで艶かしく燃える生の炎にも喩《たと》えられました「髪長き　蛍もあらむ夜はふけぬ」は泉鏡花《いずみきょうか》の句です。夜の底で情交を結び、息もたえだえな長髪の女性を、弱々しく明滅をくりかえす蛍火と重ねたのでしょうか。闇に響く喘ぎが、薄灯に浮かぶ影が、真実《ほんとう》に生きている者のそれとは限らないのですが。

そう、蛍は死者の怨念であり、生者の執念なのです。生と死のはざまに浮かびあがる、彼岸《ひがん》と此岸《しがん》を分かつ妖光なのです。

先に述べたとおり、今宵の蛍は四十と九匹。

はたしてその鈍い灯りは妖しくも艶かしい生の火か、それとも心根病みついた者が吐く呪詛《じゅそ》の炎か、はたまた死者がいざなう幽玄の焔《ほのお》なのか。

その答えは、是非みなさまの目で確かめていただきたく存じます。おっと、くれぐれも自身が蛍にならぬようご注意のほどを。それでは、こちらへ。

夜があなたをお待ちです。

目次

大谷雪菜

姉の世界

　主婦の加奈さんには双子の姉がいる。

　互いに地元を離れた土地に嫁いで、今でこそ年々疎遠になりつつあるが、子どもの頃は何をするにも一緒だった。一卵性の二人は顔も性格もよく似ていたし、好きな食べ物から嫌いな食べ物まで同じで、ほとんど互いの分身に等しかった。ただ一つの特徴を除いては。

　姉には、時折自分には見えないものが見えている。

　そのことには、幼い頃から加奈さんもなんとなく気が付いていた。

　公園で遊んでいたら突然姉が砂を口に入れ始め、理由を訊ねてみれば「あそこの男の子が美味しいから食べてみろって」と誰もいないベンチを指さしたこと。道端で何かを拾い上げるような仕草をしたあと、「あの人が落とした」と小走りで走っていった姉の手には何も握られていなかったことなど、奇妙に思うことはいくらでもあったが、深く追求したことはなかったたし、しようとも思わなかった。

　ただ、姉はそういうものなのだと素直に受け入れていた。

小学二年生の頃のことだ。

加奈さんと姉の二人は、両親の都合で隣町の小学校に転校した。

二人の顔立ちはまさに瓜二つで、慣れない人間にはほとんど見分けがつかない。二つしかないクラスのそれぞれに同じ顔をした女の子が転校してきたことは、生徒はもちろん、教師たちの間でも大いに話題となり、同時に混乱を与えた。

クラスにいるあいだはともかく、ひとたび廊下や外に出てしまうと、遠目には加奈さんと姉のどちらなのか判別がつかない。近寄って、胸元に安全ピンで留められた名札を見て初めて名前を呼ぶクラスメイトたちの様子が、二人にはおかしくてたまらなかった。

転校して間もないある日のこと。

加奈さんと姉はちょっとした悪戯《いたずら》を思いついた。

「合同体育のとき、体操着を交換してみない？」

言い出したのは加奈さんだった。

小さな小学校だったので、体育の授業は二クラス合同で行うことが多かったという。その時間、名前入りのゼッケンが縫い付けられた体操着を交換して着ていたら、周りの皆や先生は気が付くのかどうか、という悪ふざけだった。

面白そうだと姉も賛成し、二人はこっそり体操着の入った袋を交換した。

結果的にいうと、二人の入れ替わりは、仲の良いクラスメイトには見抜かれてしまった。

「さすがにわかるようになってきたよ」と友人たちは笑った。

計画は失敗に終わったが、教師たちは気が付いていない様子だったので、それだけで満足だった。放課後一緒に帰る約束をして姉と別れたあと、加奈さんはそのままの恰好で図書室へ向かった。姉と一緒に読んでいる児童書のシリーズを借りておこうと思ったのだ。

「未奈さん」

ひとけのない廊下を歩いていると姉の名前で呼びとめられた。

また間違えてる。

心の中でほくそ笑んで振り向くと、見慣れない女性が非常口の扉の前に立っていた。

涼し気な白いワンピースに水色のカーディガンを羽織った女性は、室内だというのにレース地の日傘を差している。傘の影から垣間見える顔立ちは、遠目にも整っているように見えた。柄を握るほっそりとした指が透けるように白い。

誰かのお母さんだろうか。

加奈さんは訝《いぶか》しく思って、なんですかと小さく返事をした。

するど女性は、無表情な口元を貼り付けたまま、ふいと後ろを向いて非常口から外へ出て行った。日傘の縁からのぞく長い手が、手招きするように波打った。

加奈さんは図書室の前を通り過ぎて、わけもわからぬまま導かれるようにして女性のあとを追った。

重たい非常口の扉を開けると、雑然とした校舎裏の風景が広がっていた。

出しっぱなしのゴムホース、積み上げられたバケツ、砂利の上に転がったペットボトルには茶色い水が半分ほど入っていて、中には吸い殻がいくつも浮かんでいる。

がっかりした気持ちで辺りを見まわすと、日傘を差した女性の背が、焼却炉の脇に無秩序に置かれたドラム缶のあいだをすいすいと抜けていった。

焼却炉の先は金網のフェンスが張ってあって、行き止まりのはずだ。

一体どこへ行くのか。

加奈さんは、女性と一定の距離を保ちながら小走りで女性を追いかけた。

女性は、ゆったりと歩を進めているように見えたが、実はかなりの速さで歩いているらしかった。華奢《きゃしゃ》な後ろ姿は、うっかりするとみるみるうちに遠ざかっていく。

必死に追い続けるうちに、やがて加奈さんは、周囲の景色が見慣れないものであることに気がついた。まだ陽の高い時刻のはずなのに、空は茜《あかね》色に染まり、やたらと西日が強い。

焼却炉を過ぎてからだいぶ進んだはずだ。フェンスもなければ、行く手を遮《さえぎ》るような山の斜面も一向に見えてこない。

茫洋《ぼうよう》とした野原一面に生い茂る雑草はどれも黄色く乾いて、教室の窓から眺めるみずみずしい緑とはあまりにも違う。前方を行く女性の姿は、背の高い草に埋もれてもう見えない。にわかに心細さがこみ上げて、来た道を振り返ると、そこに校舎の影はなかった。

自分はどこへ来てしまったというのだろう。

加奈さんは途方に暮れた。歩いても歩いても、景色は変わらない。時折冷たい風が吹き抜けては、静まり返った野原に葉擦《はず》れの音がささめくばかり。体操着からむき出しの手足が冷えていくのと一緒に、不安と恐怖が膨《ふく》らんでいった。

半べそをかきながら歩き回っていると、遠くに黒っぽい塊《かたまり》があることに気がついた。近づくにつれ徐々に輪郭が露《あら》わになったそれは、錆びたドラム缶のようだった。焼却炉の近くにあったものによく似ている。

背伸びして中を覗き込んでみると、中には煤《すす》で汚れた日傘がひとつ入っていた。

瞬間、背筋に冷たいものが走った。

反射的にドラム缶から身を剥《は》がし、加奈さんは一目散に野原を駆けた。

もはや自分がどの方向から来たのかもわからなかったが、とくかく学校に戻りたい一心で滅多矢鱈《めったやたら》に走り回った。

やがて息も上がってきた頃、加奈さんは見覚えのあるフェンスの前にたどり着いた。緑の塗装がところどころ剥げた頼りない金網は、小学校の周りを囲むものに違いなかった。フェンスに顔を押し付けて、樹々のあいだに視線をくぐらせると、校庭が見えた。

加奈さんは夢中でフェンスをよじ登り、校庭の隅《すみ》の雑木林に降り立った。陽は高く、頭上の青葉が揺れている。校庭では、昼休みらしき生徒たちがボールを蹴って遊んでいた。懐かしいような笑い声を聞くと、一気に安堵感がこみ上げた。

校舎へ戻ると、心配顔のクラスメイトたちが駆け寄ってきた。

体育の授業のあとに加奈さんが見当たらなくなってから二時間あまりが経っていたという。

クラスメイトや教師にさんざん質問責めにあった加奈さんだったが、「迷子になった」としか答えようがなかった。説明のつかないできごとだった。

学校からの帰り道、姉にだけ今日のできごとを打ち明けると、姉は少し深刻そうな顔になって「もう体操着を交換するのはやめよう」と言い、それから「ごめんね」と困ったように小さく笑った。

「でも、あの女の人はそんなに悪い人じゃないから大丈夫」

そう言った姉の表情はどこか大人びていて、加奈さんはそれ以上何も聞くことができなかった。

以来、姉は加奈さんや家族の前で奇妙な行動を取ることが少なくなった。

それは、彼女自身が心配をかけまいとそう振る舞っているようにも見えた。

互いに家庭を持つようになってから、加奈さんは一度だけ姉に訊いてみたことがある。

「お姉ちゃん、今でも何か見えていたりするの？」

姉は曖昧《あいまい》に微笑《ほほえ》んで、「まぁ、いろいろとあるよ」と答えただけだった。

二人の子供を授かって幸せそうな姉の様子を見るたびに、加奈さんはほっとする一方で、いつか姉が、ふらっとどこか違う世界へ行ってしまうのではないかという不安が拭《ぬぐ》えないのだという。

みんなスマイル

川崎さんが現在勤める企業に入社して三年ほど経った頃、同じ部署にDという奇妙な新人が入ってきた。

書類上の経歴だけ見るなら、Dはエリートといって過言ではない人生を歩んでいるようだった。幼稚園から都内の有名私立大学の附属に通い、その後彼が入学した難関大学の字面は、かつて受験生だった川崎さんが箸にも棒にもかからなかった苦い記憶を呼び起こした。

新卒で入社した会社を半年で三ヵ月で辞めているところ以外は、文句の付けようがない経歴だ。どうせ鼻持ちならない甘えたお坊ちゃんに違いないと、川崎さんは対面する前から敵愾心《てきがいしん》を燃やしていた。

実際に現れたDの第一印象は、川崎さんの想像を裏切る好青年だった。

すらりとした体躯《たいく》に小綺麗なスーツを身に着けたDは、物腰が柔らかく、社交的で、尖ったところが全くない。

なんだ、結構よさそうな奴じゃないか。

「よろしくお願いします。先輩」

そう笑顔を向けられて握手をする頃には、川崎さんはすっかり気を良くしていた。

実際、Dとはすぐに打ち解けた。

一緒に働いてみると、Dは手際が良いと言えるタイプではなかったが、慣れない仕事を懸命に覚えようとする姿は可愛く思えた。何より、目元をくしゃっとさせる人懐っこい笑顔を見ると、多少のミスにも目を瞑《つむ》りたくなってしまう。

「お前、案外営業も向いてるかもしれないな」

昼食を摂りながら、ふと思ってDにそう言った。営業向きの柔らかい雰囲気や、つい許してしまいたくなるような笑顔というのは誰もが持っているものではない。Dがチームの営業にまわってくれたら、意外に戦力になるかもしれない。

するとDは食べる手を止めて「いや、僕は」と口ごもった。

「あんまりやりたくない？」

「いや、そういうわけじゃないんですけど」

どうにも歯切れが悪い。首を傾《かし》げて続きを促《うなが》すと、Dは迷ったように目を伏せて、それからいつもの笑顔を作って言った。

「みんなに嫌がられちゃうと思うんですよね」

川崎さんはしばらくのあいだ、Dの言った言葉の意味がわからなかった。

Dの社内での様子は、極めて普通だった。

自分以外に親しくしている同僚は特にいないようだったが、どんな相手にもフラットな態度で、誰に対しても相変わらずよく笑っている。

それにしても、何だってあいつは笑ってばかりいるのだろう。

喫煙所で仲の良い女性の同僚に出くわしたので、なんとはなしに疑問を口にすると、怪《け》訝《げん》そうな顔つきをされた。

「川崎くんって、よくDさんと仲良くできるね」

あの人って、なんか怖くない？　と彼女は言った。

どういうことかと訊ねると、

「わたし、あの人がどういう顔なのかいまだに覚えられなくてさ」

同僚によれば、Dの顔は毎回違う人間の顔に見えるのだという。

「わたし以外にもいるよ。そう言ってるひと」

「そんなことってあるかぁ？」

煙を吐き出しながら笑い飛ばそうとする川崎さんは、自分の顔がこわばっていくのを感じていた。

Dの顔を思い浮かべることができなかったのである。

言われてみれば、Dの顔立ちを説明することは難しかった。

愛想がよく、柔らかい雰囲気の若者。そんな漠然とした印象を語ることはできるが、どういう顔なのかと聞かれると、靄《もや》がかかったように輪郭が曖昧になってしまう。

そんなはずはない。まだ知り合って日が浅いせいだろう。そもそも、まだ自分はDのことをあまりよく知らないのだ。

楽観的な川崎さんは、週末の退勤後にDを飲みに誘うことにした。

「誰かと飲みに行くのは久しぶりです」

そう言ってDは嬉しそうに微笑んだ。

チェーンの居酒屋で軽く飲んだあと、川崎さんは行きつけの飲み屋にDを案内した。

見知った常連の面々にDを紹介し、和気藹々《わきあいあい》とした雰囲気だった。

Dは常連たちに臆することなく会話を楽しんでいたが、自分のことについてはあまり話さないようだった。一軒目の店ではほとんど仕事の話で終わってしまったけれど、酒が進むにつれてプライベートな話もできるだろうと踏んでいたのだが、なかなかそんな雰囲気にならなかった。それどころか、Dは異様に酒に強く、酔った素振りすら見せない。次第に川崎さんのほうが泥酔して、終電を逃すことになった。

泊めてくれないかとDに頼むと、「狭い独身寮だから」とやんわりと退けられた。初めて見るDの嫌そうな顔だったので、妙に印象的だったという。

「そんなこと言うなよ〜。タクシー乗ったら一万以上かかっちゃうよ」

酔いも手伝って強引になった川崎さんは、半ば押しかけるかたちでDの暮らす独身寮に泊めてもらうことにした。

寮に向かう途中、Dの口数は減っていた。酔った自分ばかりが機嫌よくべらべらと喋っていたように思うと川崎さんは言った。


見慣れたワンルームの独身寮は、お世辞にも綺麗とは言えなかった。川崎さんも入社したての頃は住んでいたが、手狭さとプライベートのなさに一年足らずで引っ越したという。

Dの部屋はやたらと物が少なかった。置かれているのは簡易ベッドとローテーブルにクッション、透明の衣装ケースにゴミ箱がせいぜいといったところで、独身男性の暮らす空間にしてはかなりすっきりしている。

だが、一歩踏み入れた瞬間に、川崎さんの酔いは急速に醒めていった。

部屋の壁一面に、人の顔写真が貼られていた。

テレビでよく見かける俳優のものから、よくわからない一般人と思しき人まで、老若男女問わずびっしりと貼られた顔は、どれもにっこりと微笑んでいる。

中央に貼られたサンタクロースのポスターは何年か前の炭酸飲料のキャンペーン時のものだ。赤い背景のそのポスターには、白い文字でキャッチフレーズが印刷されている。

みんなスマイル。

川崎さんは壁の前に立ち尽くした。心臓が鳴っていた。

Dは気にする風もなく「先輩、寝るの床になっちゃうけどいいですか」と言いながらローテーブルをどかしている。

「これなに？」

返事の代わりに思わず訊くとDは、なんでもないことのように、

「おまじないみたいなもんです」

といつも通りの笑顔を浮かべて言った。

そうなんだ、とぎこちなく相槌を打った川崎さんは、それ以上何も聞こうとは思わなかった。

気を利かせたDが差し出したカップ麺を啜《すす》る気にもなれず、薄いタオルケットに身を包

みながら、壁に背を向けた川崎さんはじっと朝が来るのを待ち続けた。

始発が走る時間とともに、じゃあまた会社でと言って、逃げるようにDの部屋を出た。

翌週、会社に行くと既にDは出社していた。

「この間はありがとうございました。楽しかったです」

デスクから顔を上げて笑うDを、川崎さんはまともに見なかった。おう、と軽く手を上げて事務的なことを伝えて席についた。

以来、川崎さんは少しずつDと距離を置くようになった。

それから一ヵ月もしないうちに、Dは報告もなくふらりと会社から姿を消した。

今でも時折Dのことが頭をよぎるが、やはり顔はよくわからないという。

市営バス

由香子さんの通っていた私立中学校には、市内の駅を終点とするスクールバスがあった。

スクールバスは、放課後に二本と部活が終わるくらいの時間に二本。

中学校は駅からだいぶ離れていて、歩くと小一時間はかかる。電車通学だった由香子さんにとってスクールバスの発車時間は絶対に逃したくないものだった。

その日、部活のあとに友人たちと雑談に興じていた由香子さんは、最後のスクールバスを乗り逃してしまった。他の友人たちはみな、家が近所の子や車の迎えが来る子ばかりだ。

仕方なく一番近いバス停まで歩いて、一人市営のバスに乗って駅まで帰ることにした。

バス停の周りには、ひとけがなかった。剥がれかけた時刻表を見ると、バスが来るにはまだ少し早い。少し心もとない気持ちになりながら、夕闇に浸されていく往来に、ぼんやりと視線を漂わせた。

すると、向かいの石垣の上から、何かがぴょんと車道に落ちた。

なんだろうと目を細めると、小石ほどの大きさのそれは蛙《かえる》のようだった。

こんな車道に出てきてしまって。車に轢《ひ》かれないと良いのだけど。

眺めていると、もう一匹、同じ石垣の上から蛙が飛び降りた。

おや、と思う間もなくもう一匹。次から次へと蛙たちが車道へ躍り出る。一度にこんなにもたくさんの蛙を見たのは初めてのことだった。

全部で十匹近くになった蛙の群れは、先頭から等間隔に並んで列を成したまま動く様子がない。一体何をしているのか、蛙は集団で行動するものなのか、由香子さんにはよくわからなかった。小さい頃、蛙は苦手なほうだったから、観察したことなどない。

そのうちにバスが来て、車体の影になった蛙たちは見えなくなった。

バスにはまだ誰も乗っていなかった。前のほうの座席は優先席だ。由香子さんは真ん中あたりの一人掛けに腰を下ろした。

由香子さんを乗せたバスはゆっくりと走り出した。見慣れた公立高校やショッピングモールがどんどん視界を流れてゆく。発車してすぐの停留所で杖をついた老人が一人乗ったきりで、車内はがらんとしていた。

車掌《しゃしょう》の気だるげなアナウンスを聞きながら揺られていると、後ろのほうでからん、と音がした。硝子《ガラス》を打ちあわせたような音だ。なんだろうと思っていると、音はバスの振動に合わせてさらに小刻みに聞こえてくる。

後ろを振り向くと、後部の広い座席に、でっぷりとした女性が一人座っていた。ちりちりのパーマをかけた中年女性は、ひざの上に黄色いコンテナのような箱を乗せている。

由香子さんは驚いて目を逸《そ》らした。

バスには自分を含めて二人しか乗っていなかったはずだ。ぼんやり窓の外を眺めていたとはいえ、目の前を通って後ろの席へ向かう人に気が付かないはずがない。ましてやあんなに特徴的な見た目をしているのだ。後ろからは相変わらずひっきりなしにからからと聞こえてくるが、両手を杖に置いて俯《うつむ》いたままの老人は気に留める様子がない。

もう一度ゆっくりと振り向くと、女性はコンテナの中から瓶を一つ取り出した。空の牛乳瓶だった。ふいに記憶が蘇り、由香子さんは自宅によく来ていた牛乳配達のおばちゃんを思い出した。もっとも、彼女が毎朝顔を合わせていたのは小柄な人であったが。

女性は、由香子さんに向かって差し出すように牛乳瓶を掲《かか》げている。見ると、中に何か入っている。

それが一匹の茶色い蛙だとわかると、思わず「ひっ」と悲鳴が漏れた。

目が合うと、深い皺《しわ》の刻まれた女性の顔に、黒ずんだ歯がにっとむき出しになった。

由香子さんは慌てて顔を背けて、二度と後ろを振り返ろうとはしなかった。

駅が近づくにつれてぱらぱらと乗客が増えたが、駅に到着したバスからあの女性が降りる姿は見当たらなかったという。

めったざしのはなし

隆志さんが小学校低学年の頃の話だ。

裏庭で山鳩《やまばと》がしきりに鳴いて、隆志さんは目を覚ました。

ベッド脇のデジタル時計を見ると深夜一時を回ったばかりだった。眠りについてから数時間しか経っていなかった。

暗がりに、こもったような山鳩の声が響いている。真夜中に聞く鳥の声というのは、どことなく不気味に感じた。

いったん目が覚めてしまうと、なかなか再び眠ることができなかった。

無理やり目を閉じたり、寝返りを打ったりしていると余計に目は冴えてくる。

次第に喉の渇きを覚えて、隆志さんは布団から起き上がることにした。

二階の自室を出ると、廊下には冷えた空気が充満していた。

階段を降りる途中で、隆志さんははたと足を止めた。

リビングの明かりが点いている。擦りガラスの引き戸の向こうに、二つの影が揺れていた。

両親はまだ起きているようだった。後ろめたいことなどないのに、自然と忍び足になった。

ガラス戸の向こうから両親の声がする。

「鉈《なた》でやられたんじゃないの？」

「めった刺しだったってはなしだよ」

「場所が場所だから。××村だもの」

物騒なワードに、隆志さんはつい耳を傾けた。声を低くして両親は続ける。

「鶏《にわとり》がいっぱいいたって」

「食べてたみたいだよ、死体を」

何の話なのかさっぱりわからなかったが、漠然とした恐怖が胸中に広がった。呑気に水など飲みに出ていってはいけないと思い、隆志さんは二人に気付かれないように階段を上って自室へ戻った。

鉈、めった刺し、死体。普段あまり耳にすることがない言葉が頭の中で反芻《はんすう》され、結局あまり眠ることができなかった。

翌朝、炊事をする母の背に向かって隆志さんは訊ねてみた。

「昨日の夜、お父さんと二人で何の話してたの？」

すると母は不思議そうに首を傾げた。子供には聞かれたくない話だったのかもしれない。

夜中に水を飲みに行こうとしたところ偶然話を聞いてしまったのだと説明すると、母は眉を顰《ひそ》めながら、そんな時間にお父さんと話なんかしてないわよと言った。昨晩は零時前には床に就いていたという。

寝ぼけていたんでしょと一蹴《いっしゅう》され、結局よくわからないままだった。

しばらくは疑問が付きまとったが、次第に記憶も薄れていった。


中学生になった頃、隆志さんは未解決事件やオカルトなどのサブカルチャーに興味を持つようになった。ネットの記事を読み漁《あさ》り、図書館で怪しげな表紙の本を見付ければ迷わず手に取るうちに、ふと何年も前の両親の会話を思い出した。あれは一体何だったのだろう。もしかしたら、近所で何かしらの事件があったのではないだろうか。

そのことを告げると、同じ趣味を持つ友人はひどく驚いた様子だった。

「それ、ほんとうの話?」

「え、そうだけど」

「俺、隆志に何も言ってないよな」

友人は大きく目を見開いた。

それはどういう意味かと訊ねると、彼も全く同じ経験をしたことがあるのだという。

ある晩友人が目を覚ましてトイレに行こうとすると、両親がこそこそと話をしていた。

話の内容は、隆志さんが聞いたものと同じ。鉈やめった刺しという物騒な言葉や、地名までもが見事に一緒だった。そして友人もまた同じように、両親からは「そんな話はしていない」と言われたそうだ。

「そんなことってあるか？」

隆志さんと友人は顔を見合わせて頭を捻《ひね》った。互いに話を聞いたのが同じ時期ということも判明し、少ないキーワードを手掛かりに二人で当時の事件を調べてみることにした。

しかしどんなに調べても、それらしき事件は見当たらなかった。

それどころか、両親たちの話に出てきた「××村」というのは存在していないことがわかった。

以来、隆志さんと友人のあいだでは、真夜中に血生臭《ちなまぐさ》い噂話を伝える怪異が存在し、自分たちはそれに出くわしたのだということになっているらしい。

あっちの友達

真由美さんの父は晩年、地域の新聞の訃報欄をスクラップしてノートに貼り付けていた。

切り抜くのは、近所の友人や顔見知りの人間ばかりだった。

どうしてそんなことをしているのかと訊ねると父は、

「あの世での友達ノートを作っているんだ」

とぶっきらぼうに言った。

「世話になった人や仲良くしたもんには、あっちへ行ってからも礼を尽くさないとならん」

そう信念を掲げて、父は熱心にお悔やみ情報のスクラップを続けた。

真由美さんには不可解な行動だったが、父も長い人生に色々と思うところがあるのだろうと余計な口は挟まなかった。

友達ノートが厚みを増した頃、父は床に伏した。老衰だった。

息を引き取る直前、父はやせ細った腕を懸命に上げて、虚空に向かって手を振っていた。

九十代半ばの大往生とあってか、賑やかな葬儀になった。斎場に供えられた通夜会場では豪勢な寿司をつまみに、酒好きだった父を偲び、皆大いに飲んだ。

親戚たちへの酌が一段落して、ようやく腰を下ろすと、顔をほんのり赤く染めた夫がビールグラスを傾けながら言った。

「たくさん人がいるなぁ」

「今日は身内だけだから良いけど、明日はもっと来そうだね」

お父さん、知り合い多かったから。

悲しんでいる暇もなさそうだと真由美さんは微笑んだ。

夫はそうだねと頷いた。

真由美さんの予想通りに、地域付き合いを大事にしていた父の本葬には、大勢の人が顔を出した。斎場の駐車場には、歩道にはみ出るほどの花輪が並び、読み上げきれない数の弔電が届いた。父が愛されていたことを実感しながら、真由美さんは鉄扉の内側に入ってゆく棺を見送った。棺の中には、父の「友達ノート」も入っていた。


火葬場から戻ると、自宅の前に一枚の新聞紙が落ちていた。

不思議に思って拾い上げてみると、それは父の訃報欄が載ったページだった。

お父さん、向こうで友達に会えたんだね——真由美さんはそう思ったという。

朱雀門出

梟首の絵

「私、子供の頃、変な絵を描いていたらしいんですよ」とRさんはとても興味をそそる話をし始めた。その変な絵は是非見てみたいと思った。が、そんな気持ちを察したのかすぐにこう続けた。「もうその絵は残っていないんですけどね」

もう見られないものの、どんな絵なのかと訊いてみると、親からの伝聞だけれどと以下のようなものだと教えてくれた。

顔がいっぱい刺さっている大きな木の絵なのだという。なんというか、梟首《さらしくび》の絵なのだ。人間の頭部だけではなく、目鼻を持った太陽や月や星といった天体も枝に刺さっている。枝に刺してあるという点が不気味だ。

枝自体もちょっと奇妙で、熊手のように一本の幹から何本も上向きに枝が出ている。いわば、トーナメント表の逆みたいな図形である。その末端に、人の顔や顔のある天体が突き刺さっているのだ。そして、刺さっている部分は赤く塗られていて、まるで突き刺して血が出ているみたいに見える。モズなどが捕らえた獲物を一旦枝に刺しておく、あの早贄《はやにえ》を思わせる。人間の頭だけに限れば、まさに梟首である。

そして、絵のタッチも特徴的だった。例えば幼稚園でお父さんやお母さんの顔を描くというときには年相応の稚拙な絵なのだけれど、一心不乱に描くその〝変な絵〟だけは全く異なっていた。どこか錬金術の寓意画《ぐういが》を思わせるような、幼児が描くには不自然に大人びた絵なのだ。それで〝変な絵〟と表現するしかないそうなのだ。ただ、変ではあるが、子供離れした絵なので、この子には絵の才能があるのではないかと両親は嬉しく思いもした。Rさん本人が捨てられるのを厭《いや》がっていたというのもあって、そんな変な絵だけれど捨てずにとっておいたという。

そんな絵を何枚も描くので、お気に入りのモチーフなのだとは思うが、何かの模写ではないようだ。本などの絵を見て描いたのかと訊くと、そうではなくて、例えばアカラスを描いたのだと既知の動物を絵にしたかのように主張した。正確に覚えていないので便宜的にアカラスと表現しているが、そんな感じのギリシャ語やラテン語のような西洋古典語風な、でも、聞いたことのない何かの名を口にしていたのだ。

とても奇妙な出来事であり、Rさん本人も覚えがないけれど、でも、その話を聞くとなんとなく記憶の隅に残っている感じがする。アカラスという言葉を口にすると、意味はわからないけれど、他の意味のない単語とは違った、懐かしさに似た、しかし、懐かしいとは異なる、記憶の奥底に少し触れて脳を震わせるような心持ちになるのだ。

「アカラスはおじちゃんで、おばちゃん。タモスはカニみたいな犬。これはトッコルス、これはキタカス」というような謎の言葉を絵の中の顔や天体を指さして説明することがあったが、なんだか気味が悪いので母親は説明を途中で遮《さえぎ》ったこともあるそうだ。そのこともRさん本人は覚えていない。

これだけだと、単に想像力がたくましい子供の妄想で、デタラメを言っていたというだけの話ではある。それはRさん本人も自覚しているのだが、奇妙なのはその後に起こったことである。

ある深夜に、物音に気付いたRさんの父親が、起きて子供部屋に行くと、知らない背の高い三十代くらいの男がいた。喪服のような黒スーツで、ネクタイもシャツまで黒ずくめの異様な人物である。父親が明かりを点けるまで真っ暗だったのにサングラスをしていた。鼻や口は見ていたはずだが覚えていない。というか思い出せない。そんな男が紙束を手にしていた。

父親に見つかった男は、開いていた二階の窓から身を躍らせた。窓まで追って見下ろすと、軽やかに着地して駆け去っていった。

警察を呼んで捜査が始まったが、家人以外の指紋など見つからないし、男の遺留物も出てこなかった。あの黒い男を特定する証拠もないし、そもそも誰であるか見当もつかない。

また、無くなっていたものも奇妙だった。謎の男が盗んでいたのは、Rさんのあの絵だけであった。他には盗られていない。なぜかあの絵だけを持ち去っていたのだ。

価値があるとは思えない、子供の妄想を描いただけの意味などないと思われた絵。それを敢えて持ち去った不気味な人物がいる。それを含めて、一連の出来事が気味悪い。

だから、それからは、両親はやめさせるべきだと思い直して、絵を描くたびに「そんな絵を描くな」と窘《たしな》め、描いていたらすぐにやめさせた。描きかけの絵も破棄した。そうすると、次第にそんな絵を描くことはなくなった。

轢死《れきし》認識

娘がつかまり立ちできた、という連絡が、仕事中ではあるが奥さんからMさんのスマホに届いた。しかし、文章だけで写真は添付されていなかった。文句を言ったが、「興奮していたので撮り忘れた。もうできるようになっているのだから、直接見れば良い」と言われた。しかし、帰ってから見たのでは、確かにつかまり立ちのシーンではあるけれど、〝初めての〟つかまり立ちではない。そう文句を言うと、「細かいことを気にしすぎである。男らしくない」と性差別といえそうな、批判を浴びた。

こう書いてしまうと、まるで憎しみ合っている夫婦の会話のようになってしまうが、実際はそうではなく、Mさん夫妻からすると冗談の範囲であるので、特に喧嘩にまで発展していない。我が子が自分の脚で立つ最初のシーンを見逃したのは惜しくはあるけれど、日々すくすくと育っているという喜びがあり、その日は帰宅するのが楽しみであった。

娘さんも幼いながら自分がつかまり立ちできたことが、誇らしく、嬉しいという感情があるようで、帰宅したMさんの前で、何度もつかまり立ちを繰り返したという。それもあって、娘さんはその日は疲れて早く眠りについた。

Mさん夫妻は、そんな娘の寝顔を嬉しげに眺めていた。娘さんは口を大きく開けて寝ている。本当に疲れたんだなと夫婦で笑い合っていると、その開いた口の中から、電車が走る、ガタンゴトンという音が聞こえてきた。

ええっ？　と夫妻は声を上げて驚いた。

電車の音は鳴りやんだ。が、娘さんは目を瞑《つむ》ったまま、

「この電車に轢《ひ》かれて死んだんだ」と太い男の声で言った。

二人はさらに驚いた。そして、言葉の内容に、不安になってきた。もしかすると、これは予兆というか、予言になっているのではないかと心配になったのだ。この子も将来、電車に轢かれて死んでしまうのではないかととても心配になってきたのだ。

「大丈夫。前世のこと」

娘さんは男の声でそれだけを口にして、その晩はそれ以外は何も言わなかった。まるで、Mさんの心の中を見たような、あるいは、心の声を聞いたかのようなタイミングだった。

その言葉を丸々全部信じて良いのかわからないが、信じたい気持ちはあった。それから、この出来事はちょうど前世に男だったときの命日に起こったことではないかという考えが頭に浮かんだが確信はないし、調べようもない。

ともかく、そんなことがあったのは、その一回だけだった。

約束を守ったお祖母さん

心霊好きのIさんがキャーキャーと怖がりながら心霊番組を観ていると、同居していたお祖母《ばあ》さんが「あんた、好きやなあ」と笑いながら横に座った。珍しいことだとお祖母さんの顔を見ると、優しく微笑《ほほえ》みながらお祖母さんはこう問うてきた。

「幽霊って怖いか？」

「そりゃあ、怖いやん」Iさんは顎《あご》でテレビ画面を指した。ちょうど、気味の悪い心霊写真が映し出されていた。

「そういうのもあるけど、私は怖いというよりも懐かしさや優しさを感じるねんな」

お祖母さんは画面を見ながら、そういうと話をし始めた。

お祖父《じい》さんが亡くなったときのことだ。悲しくて悲しくてずっと落ち込んでいたけれど、法事をしていると、もしかして、お祖父さんはあの世で不自由しているのではないかと心配になった。法事というのはそもそもそんな不自由なことがないように供養することだ。自分がこんな風に力を落としていて、供養が疎《おろそ》かになってしまっていたら、お祖父さんがかわいそうだと思えてきた。

それで、法事は勿論、毎日、起床するとまず仏壇を掃除して、お供えもして、線香も食事だというのでちゃんと手向《たむ》けるようにした。

ああ、お祖父さん、お腹空かせてへんやろか、不自由はしてはらへんやろか、と手を合わせていた。

そんなある朝のこと。いつものように掃除もお供えも終え、線香も上げて手を合わせ、さあおしまいと蝋燭《ろうそく》の火を消した。

すると、部屋が真っ暗になった。まるで夜になったか、日食にでもなったかのようである。単に明かりを消したくらいではそこまで暗くはならないのだ。

おかしいと思いながら振り返ると、仏間と隣のリビングとの境の襖《ふすま》が開いていた。普段から習慣的に閉めているので、おかしいと思った。が、そこに人が立っているのに気付いた。

亡くなったお祖父さんだ。生前いつも穏やかだったという記憶のままに、微笑んだお祖父さんが境界に立っている。なぜか、仏間には入っては来ずにそこで立っていた。

自然とお祖母さんの足はお祖父さんへと向かっていた。

「ああ、いつも本当にありがとう」とお祖父さんは言った。「いつも、綺麗にしてくれて、線香も上げてくれて、おかげでなんの不自由もない。それに、まず、わしを心配してくれているという気持ちが嬉しい」

お祖母さんは胸がいっぱいで返事ができかなった。お祖父さんは話を続ける。

「お蔭さんで、こっちは苦しいことなんか全然ない。でもな、急いでこっちに来ないでいいからな。お前はそっちで頼みにされているんや、そっちで楽しんでから、ゆっくり来て。こっちは時間、いっぱいあるから。こっちのことは心配しないで良いよ」

お祖父さんの声を聞くほど胸がいっぱいになって、全く返事はできなかったが、それもわかっているというかのように、お祖父さんはうんうんと頷《うなず》いて、ゆっくりと消えていった。

別に、お礼を言われようとしたことではないが、お礼を言われて安心もするし、嬉しかった。とその時の気持ちをお祖母さんは述べた。

「だから、私が死んだら、同じようにしてあげる」

そうお祖母さんに言われて、Ｉさんは温かい気持ちになった。と同時に少し心配になった。そんな死ぬという話は縁起でもないように感じたのだ。

その危惧が当たってしまった。そもそもそんな話題を切り出したのは、お祖母さん自身が体の不調を感じていて、死期を悟っていたからかもしれない。それから半年も経たないうちに亡くなった。

そんな善い人であるお祖母さんが亡くなったのは、Iさんには相当のショックだった。

ただ、お祖母さんから言われたことはよく覚えていた。会いに来てくれるというのもそうだけれど、不自由してはいないかとお勤めをしていたというエピソードもである。自分もそうしたいと思ったのだ。

朝は苦手だったIさんだが、いつもよりも一時間早く起きて、仏壇の掃除から水やお花、お供えものを手向け、線香も上げる。習慣になると、全然苦ではないし、むしろ規則正しい生活になって体調も良いし、気持ちも良い。それで、お勤めはずっと続けていた。

しかし、お祖母さんは会いに来なかった。半年経っても一年経っても、現れない。

まあ、そういうものだろうとは思うし、会いに来るという話もそのうちに忘れていた。

特に月命日という訳ではないある日。いつものようにIさんはお勤めを終えた。線香を上げ、蝋燭を消した。

と、真っ暗になった。

あ、これは。と思った。亡くなったお祖父さんが会いに来た話を思い出し、もう一年半は経っているけれどお祖母さんが会いに来たのだと悟ったのだ。

振り返ると、リビングとの間の襖が開いていた。

お祖母さんが立っていた。

ああ、お祖母ちゃん。来てくれたんだ。と、口にはしないがそう思って、胸はいっぱいだった。

なぜかお祖母さんの話に出てきたお祖父さんのように、お祖母さんも仏間には入ってこず、境界ギリギリに立っていた。

「心配しないでもいいよ。楽しい世界に暮らしているよ」

お祖母さんはそう言いながら頷いている。

が、お祖母さんが以前にしてくれた話の中には出てこなかった、奇妙なモノがいた。お祖母さんの背後に、古墳時代のような鎧をまとった、腕組みする巨漢がいた。美豆良《みずら》を結っているのでそれも古墳時代の者を思わせる。右目は、刳《く》り貫かれたかのように黒い眼《がん》窩《か》が見えている。ひげ面で太い腕を組んでおり、いかにも武人のようだった。そんな厳《いか》つい男が睨《にら》むような形相で立っていた。

なんとなくお祖母さんの表情は引き攣《つ》ったように見えた。そんなちょっと不自然に思える笑顔を見せてお祖母さんは消えていった。

Ｉさんは余計に不安になったという。

ブタ万円

大学時代、Kさんは学生寮に住んでいた。家賃が安いからという理由が第一だったが、友達をつくりたかったという理由も大きかった。必ず複数で一室をシェアするので強制的にルームメイトができることになる、そんな寮の仕組みに賛同したのだ。自分は一人っ子だから……とKさんは自己分析していたが、そういう共同生活に憧れを抱いていたのだ。

実際に室友《ルームメイト》とは仲良くなった。途中で寮を出た室友もいて、四年間で三人の室友ができた。勿論、室友だけでなく、寮の仲間もそして、級友も多くできた。

その二番目の室友の話。

ある日、その室友の左目の下に裂傷ができていた。細いけれど、目よりも長く赤い線が横向きに走っており、カミソリのような薄い刃物で切ったように見える。痛みが少し残っているのか、室友も気にしてたびたび触っている。ただ、その傷は、いつどうやってできたのか本人もわからないとのことだった。

その傷は何日も無くならなかった。傷口が広がったり腫れたりはしなかったが、小さくもならず、ずっと左目の下に赤い線が残っていた。

それに加えて、ちょっと厭な夢を見ているのだと室友は語った。

普段はきちんと塞《ふさ》がっているその傷だが、夢の中では開いていることがあるというのだ。そして、そこをまるで投函口のように、紙幣や硬貨を入れられる。それをしてくる者が誰なのかは覚えていないけれど、貨幣とはいえ不特定多数が手にしたものを傷口に入れられるのは不衛生で嫌悪感がある。

あまりにもリアルなので目覚めてから実際に消毒液で拭いているのだという。傷を気にしているから夢にまで傷が出てくるのだと思えるが、それにしては貨幣を入れられるというのがわからない。

ただ、それは思いがけない収入がある兆しではないかと、Kさんは前向きな意見を述べた。夢は解釈次第で良くも悪くもなるものだという話を思い出したのだ。漢《かん》を起こした劉邦《りゅうほう》が自分の死体に蛆虫《うじむし》が湧いた夢を見てそれは多くの民に慕われる兆しであると夢解きをしてもらったお蔭で天下をとったのだ、と思い出した例を口にした。

室友は愁眉《しゅうび》を開いたけれど、でも……と口ごもった。あの、目の下に物を入れられる感覚は耐えがたく、そんな苦痛を我慢しなければならないほど金に困ってはいないと言うのだ。要りようはなくても金が手に入るなら良いことだと思うけれども、それを差し引いても厭だというのはよほど厭なのだろう。

そして、実際はというと、その頃、その室友には特にこれといった臨時収入はなかった。吉夢とはなっていないようだったのだ。

そんな夢を見続けていた、ある晩のことである。

その室友は夜中に目覚めた。室内は真っ暗である。二段ベッドの上からはKさんの寝息が聞こえてきていた。

普段なら朝まで寝続けていたのに、こんな目覚めは珍しい。かといって尿意もない。

厭なことに体が動かない。金縛りというヤツだと思った。そんな体験はこれまでしたことはなかった。

傍《そば》で息づかいを感じた。それはKさんのものではないと直感した。第三の何者かが部屋にいる。そう思うと一気に緊張した。

真っ暗でわからない中、その不審者の指が顔に触れた。あろうことか、指先が触れたのは左目の下の傷だった。

そこに痛みが走る。

傷口が開いたのがわかった。

開いた傷口に物が差し込まれる。夢で何度も味わった、折った紙幣を差し込まれた感覚と同じだった。

覚えているのはそこまでだった。そこまでは起きていて、そのショックで気を失ったという感覚がある。一旦目覚めてそこで失神したという記憶があるとはいえそんな出来事は、夢の可能性も充分にある。傷口に紙幣を差し込まれる夢はよく見ていてそれと同じなのだし。

一方、Kさんが朝起きて二段ベッドを降りると、いつになく寝相悪くベッドからはみ出した室友が、左目の下に畳んだ紙を刺して眠っていた。傷口に札を入れられる夢を見た話は聞いていたが、実際に目の下からお札を生やしているのを目にして驚いた。紙に触れると痛がるだろうと、まずは室友を起こした。

前述の通り金縛りの記憶があり、しかも本当に紙幣が刺さっているのに気付いて、室友自身も驚いている。取り出してみると一万円札である。勿論、Kさんはそんなことをしていないと主張した。室友もそれは疑わなかった。では記憶通りに謎の第三者の仕業となるのだけれど、侵入者がいたという恐怖よりも不可解さが勝っていた。

夢ではなく、実際に一万円札は存在している。その一万円札の出所はどこなのか。

それはすぐに判明することになる。実は、室友自身のものだった。ナンバーを確認したわけではない。そもそも自分がどんな番号の紙幣を持っているのかなど記録していない。単に、その室友の財布から一万円札が一枚無くなっていたからそう考えたのだ。

現実的に考えて、そんな事ができるのは、Kさんか本人であり、前述のようにKさんではない。本人が夢遊病のように意識無くやっていたというのもこれまでからすると考えにくい。とすると、あの金縛りが現実であり、部屋に侵入してきた第三者がやったということになる。しかし、そんなことをしそうな者に心当たりがなかった。所持金を奪うでもなく、他に危害を加えるでもなく、ただただ夢をなぞるように目の下の傷を開いて札を入れている。そんなことを誰がなんのためにしているのか。

不思議というよりは不気味であった。

それに加えて、実は、とても奇妙なところが一点あった。

それはその一万円札に赤い字で「ブタ」と書かれていたのだ。

傷口から取り出し、広げたときにすぐ見えたその字に、Kさんは見覚えがなかった。勿論、Kさんの字でもない。

ただ、その室友はその字を目にして、うわっと声を上げ、とてもうろたえていた。なぜなのかと訊いても、答えてはくれなかった。その字に心当たりがあるのかなど他の質問にも答えることはなく、この出来事は勿論《もちろん》のこと、卒業までずっと残っていた左目の傷についても話題にはしなくなった。

阿弥陀さんでしょ

　Yさんが機械の設置で先輩と共に、ある屋敷に入った。

　出迎えてくれた奥さんの背後に、三、四歳くらいの女の子が顔を覗かせていた。この家のお嬢ちゃんだろうと思った。薄い青の高価そうなドレスを着ていて、普段着の奥さんとは違ってよそ行きのように見えた。まさか、Yさんたちをお客様と見なして、おめかししたのだろうか。その割には、Yさんをジッと見るばかりで会釈すらしない。恥ずかしがっているなら、顔を伏せるなりしそうなものだけれど、逆にこっちをガン見している。むしろ睨《にら》むくらいの勢いだ。

　女の子の振るまいなど無視して、にこやかに応対する奥さんに、機械の設置場所に案内されて早速Yさんたちは仕事を始めた。同行した先輩が作業の必要があって外に出た。部屋での作業を任されて、Yさんは一人残った。

　ふと、袖を引かれているのに気付いた。見ると、玄関で会った少女である。目が合うと、そのまま袖を強く引いた。来い、という意味だろうと思った。その力は意外に強く、襖の前まで引っ張っていかれた。入ってきたドアとはタイプが異なるその襖は押し入れを隔てるものだろうと漠然と思った。

「これ見て」

と、少女はその襖を開けた。

襖の向こうは押し入れではなかった。そこは今いる部屋よりも大きな二十畳間くらいの広さがあった。押し入れだと思い込んでいたけれど、そこはそんな部屋だったのかと思い直した。

少女が促した訳でもないのだけれど、なぜか無意識に歩を進めて、Yさんはその広間に入っていた。

中央に仏像が立っていた。髪型は丸めた髪が集合したパンチパーマのような螺髪《らはつ》で、ゆったりとしたお坊さんっぽい服を着て、背中には後光が差している。実家にある阿弥陀《あみだ》様と同じだと思った。

そんな一メートルほどの阿弥陀像の傍には四つ足の獣がいた。後ろ半分が真っ黒で、前半分は茶色い牛だった。

異様である。部屋の中に牛がいるのだから。Yさんは少しひるんだ。

その牛は阿弥陀様のありがたいお顔に自分の顔を近づけていた。顔を舐めているのかと思ったが、ガリリ、という音がした。

阿弥陀様の顔は抉《えぐ》れていた。その牛は仏像の頬を舐めるどころか囓《かじ》っているのだ。牛は草食ではないのか。あ、仏像は植物か。いや、草と木は違う。というか、なんともバチあたりな……とYさんはその様子を呆然として眺めながら、そんなことを考えていた。

不意に牛がYさんに顔を向けた。

突然の行動にYさんはギョッとした。

その牛と目が合った。確かに合った。

急に視界が変わっていた。なぜか、頬を叩かれていた。先輩が驚いたような、それでいて、どこか笑っているような表情で、Yさんの頬を叩いている。その後ろにはこの家の奥さんの心配そうな顔がある。そして、自分が狭いところに膝を抱えるようにして座っていることに気付いた。

先輩からしてみると、作業しているはずの場所にYさんの姿がない。どうしたのかと奥さんと探していたら、押し入れで膝を抱えて震えていたのだと説明された。確かに、その狭い場所から外に出ると作業していたあの部屋で、振り返ると記憶にある、あの襖だ。上の段には布団が入っており、自分のいた下の段にも荷物が入っている。しかし、襖の向こうに行くまでの記憶とこの部屋の姿には矛盾はないけれども、襖の向こうでの記憶とこの状況とは一致しない。覚えているのは押し入れではなく、大きな部屋なのだ。まず、それ

を言おうと口を開いた瞬間、

「阿弥陀さんでしょ」

と、奥さんが言葉を遮るように言った。

確かにそうである。奥さんもあの光景を見ていたのだろうか。どこから？　そして、これはどういうことなのだろうか、と考えをまとめようとするが、なんだか、まだ頭がぼうっとしていた。そんなYさんに奥さんは瓶を差し出した。

「これ、どうぞ。良くなりますから」

見ると、エナジー何とかという雰囲気の名が付いたスタミナドリンクのような褐色瓶だった。そこには、茶色い牛の上半身と阿弥陀如来と思われる仏様が並んで描かれたラベルが貼ってある。あの記憶が一瞬で脳内に甦って、ギョッとした。

奥さんが心配そうに見てくるので、ああそうかとぼうっとした頭のまま、瓶のキャップを外し、中の液体を口に入れると、苦い厭な味がした。それでも呑まなきゃイケナイという強迫観念があって、厭々呑み干すとなんだかすっきりした。なぜだか、怖さと不安で浮ついていた気持ちも落ち着いている。ずっと見ていた奥さんは無表情で会釈して瓶を持ち去った。

奥さんには押し入れでの出来事を話す機会はなかったが、帰りの車中で先輩に話すと馬鹿にされて笑われた。ちなみに、その家には女の子などいないという。

Yさんは仕事場から家に帰ると高熱が出た。翌日は休んだほどだった。新型コロナなどの感染症ではなかったが、数日間、あの押し入れから出たときのように、頭はぼうっとしていた。

古川創一郎

ドウシンさん

かつて、戦後すぐくらいまでは、山陰に「ドウシンさん」と呼ばれる、宗教的技術者とでも言うような人たちがいたそうだ。道心さん、導心さん、洞心さん、などと当て字されることが多い。

彼らの仕事は「ご遺体を棺に納める準備」をすることだ。

当時は土葬が一般的で、使われる棺は木の桶のような形状をしていた。ご遺体はこの樽の中に「体育座り」の要領で、膝を曲げて座るような形で納められる。通夜・葬式を終えたころのご遺体は、すでに死後硬直が進んでいるため、この姿勢にするのは大変難儀な作業だ。骨ごと関節を破壊して無理やり座らせ、棺に納めたりする地方もあった。「死後硬直する前に仏さんの膝を折り畳んでおくのは、最後の親孝行」と教えていた所もあったと聞く。

ドウシンさんの仕事は、こういった作業を省くことだ。

ご遺体の前に招き入れられたドウシンさんは、口中で何かムニャムニャと唱えながら、ご遺体の全身を軽く撫でてゆく。それを終えると不思議なことに、死後硬直が解け、眠っている人と変わらぬほどに関節が柔らかくなっているのだという。

「死後硬直した遺体の関節は、熱を加えると柔らかくなる」と聞いていた筆者は、ドウシンさんの話を最初に教えてもらった際、どうにかして関節を加熱するのではないかと疑っていたのだが、ドウシンさんを知る複数の人に聞いた話の中にはそういったトリックを窺わせるような箇所は発見できなかった。失われた技術なのか、我々がすでに忘れ去ってしまったなんらかの力の作用なのか。

いずれにせよ、ドウシンさんは火葬が当たり前になるのに伴い、姿を消してしまっている。最早《もはや》実態は謎のままであろう。

斉藤吉佐《きちざ》さんは戦後からしばらく経った頃に、祖父を亡くした。祖父は炭の販売を成功させ、近在からは羨まれるような存在だったそうで、自宅で催された葬儀は、山中の田舎にしては大変豪勢なものであったらしい。

いよいよ入棺という段に近所からドウシンさんが呼ばれた。見た目はごくごく平凡な初老の男性で、とりたてて奇異な格好というわけでもなかった。

彼はご遺体の前に正座すると、深々と頭を下げ合掌した後、何やら唱えながら、祖父の体を両手で撫で回し始めた。

祖父の妻である吉佐さんの祖母をはじめ、親族一同が手を合わせた。吉佐さんもそれに倣《なら》う。

数分間それが続いたが、急にドウシンさんが「あっ！」と声をあげて作業を中断させてしまった。

何事かと一同がドウシンさんの背に注目する。

ドウシンさんは勢いよく立ち上がると、親族の方に向き直った。深刻そうな、切羽詰った表情。あごがワナワナと震えていた。

「俺のせいじゃない」

頭を振りそう言い残すと、「俺のせいじゃない。俺のせいじゃない」と繰り返しながら、逃げるようにドウシンさんは帰っていってしまった。親族のうち、幾人かは彼の後を追っていった。家の表から言い争う声がかすかに響いてくる。

突然のことに、あっけにとられた吉佐さんたちがその場に取り残された。

「一体なんなの？」

親族たちが口々に言い合う中、吉佐さんはなんとなく祖父の方に目をやった。

目が、開いていた。

見ているうちに、目はさらに大きく開いてゆく。ギリギリと音が聞こえてきそうなくらいに見開かれた。

次に口がひとりでに開いてゆく。固く食いしばった歯が覗き、先ほどまで穏やかに眠っていた祖父の顔は瞬《またた》く間に、恐ろしい形相に変貌していた。

この様子に気づいた者が次々と叫び声をあげた。

葬儀の場は一転、大混乱になってしまった。

吉佐さんの目に祖母が取り乱す姿が飛び込んできた。両手で顔を覆《おお》い、人目を憚《はばか》らず、わあわあと泣いている。

そして、こう叫んだ。

「あの人は、地獄へ落ちてしまった！」

加護の消えた書店

かつて島根県西部を中心に、数軒の店舗を展開していた、今川書店という本屋があった。これはその中のある店舗での話。

当時その店舗の店長だった佐々木さんは、残業の真っ最中だった。

急ぎの仕事というわけではなかったが、馴染《なじ》みの業者がワックス塗布《とふ》の作業を終わらせるまでの時間潰しを兼ねていた。終業時間からの作業になるので、どうしても遅くなるのだ。

深夜の入り口に差し掛かったころ、作業服の男が事務室のドアを叩いた。ワックス塗布をお願いしている業者の一人だ。

「すみません。お待たせしました」

「ああ、お疲れ様です。終わりましたか？」

「ええ。確認をお願いします」

新装開店のよう、というと大げさかもしれないが、蛍光灯の明かりの下、店の床は見違えるほどに輝いていた。

「ありがとうございます。綺麗になりましたね」

出来栄えに満足した佐々木さんは、業者を帰らせた後、店の明かりを落とし、入り口の自動ドアに施錠した。一晩経てばワックスは乾いているはずだ。

翌朝、佐々木さんが出社すると、何人かの従業員が入り口の自動ドアの前に立ち、何やら深刻そうに話している姿が見えた。

「どうしたの？」

「あ、店長。ゆうべ、ちゃんと鍵閉めました？」

しっかり閉めた記憶はある。きちんと施錠されているか、手で押して確かめもした。それを伝えると、

「それが、今朝来てみたら鍵、開いてて。それで、中なんですけど」

従業員の指し示す先を見ると、足跡。

生乾きのワックスの上を歩いたのだろう。ピカピカに生まれ変わった床に、無数に人間のものらしき足跡がついている。

泥棒？　いや、何かおかしい。

なぜ、この足跡は、裸足《はだし》なんだ？

なぜ、この足跡は、こんなにも小さいんだ？

サイズからして小学生にも満たない、幼い子供の足跡に思えた。

「店長、これ、ちょっと変ですよね。最初は泥棒かと思って、店内を見てみたんですけど、どこにも店に入る時の足跡がないんですよ」

確かに自動ドアの付近の足跡は外に向かっているものしかない。

「じゃあ、どこかに裸足の子供が隠れてて、深夜のうちに出て行ったとか?」

「いや、ちょっと来てください」

従業員に案内されて店の奥へと向かう。足跡を逆に辿るような形だ。すでにワックスは乾ききっており、振り返っても、佐々木さんたちの足跡は残されていない。そのことが余計に、謎の子供の足跡の存在感を増している気がした。

「ここが、足跡の出発点なんですよ」

そこは新刊のポスターがいくつも貼られた壁だった。もちろん、そこに映画や漫画のように隠し扉があるわけではない。壁から子供が生えてきて、店を出て行ったとでも言いたいのか?

目を凝らした佐々木さんはここで鳥肌を立てた。

壁際の床に、つま先半分だけの足跡がついていた。まさに、壁から出てきたかのように見えたのだ。

「それで、思ったんですけど、この壁の向こう側って、倉庫ですよね。倉庫の、この位置って」

言われて気がついた。確かにこの壁の向こうは倉庫になっており、ちょうどこの壁の裏に、神棚が設置されていた。

商売繁盛と、日々の業務に事故や怪我がないよう、開店当初に設置されたものである。

神棚から出てきた何かが、店を出て行った痕跡のような、足跡だったのだ。

一応店内をくまなく調べたが、盗まれたものは一切なかった。

しかし、ほどなくこの店の業績は悪化。一年を待たずして閉店となってしまったそうだ。

佐々木さんをはじめ店員たちは密かに、神棚の加護が消えてしまったからだと噂したのだという。

蚊柱

小林さんは小学生の頃、瀬戸内海にほど近い、割と開けた町に暮らしていたのだという。その頃にはまだ自然も豊かで、ちょっと歩けば山にも川にも辿りついた。同世代の子供たちの遊び場といったら、まず外であった。

近所の山の中に秘密基地と称して小屋とも呼べない小屋を建てたり、空き地に泥水を溜めてダムを作ってみたり。寺のゴミ捨て場から勝手に、古い卒塔婆《そとば》を拾ってきて、焼いて遊んだこともあったのだという。昆虫採集なんて言ったら、もうそんなものは貴族の遊びの範疇《はんちゅう》で、小林さんたち五、六人ほどの仲良しグループはもっぱら、昆虫相手に随分残酷な遊びを繰り返していたそうだ。

ある日、グループの一員である辻君が、すごい秘密基地を見つけた、と興奮気味に言ってきた。

案内されて向かうと、そこは住宅地から少し離れたところにある、コンクリート製の側溝。水量は少ないが子供二人が充分横並びで歩ける広さである。

「溝じゃん」

「いや、その先見てみろよ」

見ると、子供一人なら充分通れるサイズの真ん丸い穴が開いていた。この溝を流れる水はそのトンネルに流れ込み、その先は暗渠《あんきょ》になっているらしい。

辻君は素早く溝まで下りると、体を大の字に広げ、トンネルの内側に手足を突っ張って体を浮かせ、そのまま器用に暗渠に姿を消した。こうすれば足元を流れる水に濡れなくて済むわけだ。

「すっげえ！」

「すげえだろ？　この先のおじいちゃんの畑から帰ってくる時に発見したんだぜ」

大人が見たら真っ青になりそうな危険な遊び場だが、彼らは夢中になって出入りを繰り返した。

「合言葉決めないと」

誰かが言い出した。これは秘密基地を作る度にやっていたお約束事である。基地のひとつひとつに異なった合言葉が設定され、正しく言えない者は立ち入ることまかりならぬ。協議の結果、合言葉は「マダムヤンはカフェイン二倍」と決定した。なんのことはない、当時彼らの間で流行《はや》っていたテレビCMをくっつけたものだ。

それからしばらくは彼らの遊び場はこの暗渠の周辺になったのだが、メンバーの一人が親から数冊のエロ本をくすねてきたことで突如、終焉《しゅうえん》を迎える。エロ本を広げるのに足元が水では困るのだ。彼らは再び山の中の秘密基地へと帰っていった。そんなものである。

訃報が届いたのは、それからさらに数ヵ月後のことだった。

辻君が、亡くなったというのだ。

祖父の畑からの帰り道、前日までの雨で増水した、件の溝へ転落し、祖父が助ける間もなく、秘密基地としていた暗渠へと吸い込まれていったのだという。彼の遺体はかなり離れた場所で発見され、こんなにも流されたのか、怖かっただろうに、と彼を知る誰もが涙した。

小林さんたちの仲良しグループも、辻君を除いたメンバーで楽しく遊ぶことになんとなく罪悪感を感じてしまい、次第に疎遠になってしまった。

小林さんは一人で遊ぶことが多くなった。

ある日、目的もなく、あっちへぶらぶらこっちへぶらぶらしてる間に、いつの間にか、辻君が死んだ暗渠前の側溝へと来てしまっていた。避けていた場所だったので、ここへやってくるのは辻君の死からは初めてである。近付いてみると、事故を受けてだろうか、かつての秘密基地の入り口は鉄柵が設置され、出入りできなくなっていた。

ふいに辻君の記憶が甦り、涙が溢れてきた。泣きながら、「マダムヤンはカフェイン二倍！」と合言葉を口にしていた。辻君、僕はいつまでも君の仲間だからね。そう言いたかったのかもしれない。

その瞬間、暗渠の奥から、テレビのノイズを立体化したようなものが立ち上がった。蚊柱だ。ユスリカという蚊によく似た虫が、繁殖期に群れを成し、その数と密度によって、離れて見ると柱のように見えるところからこの名がある。すさまじい数のユスリカの柱が現れたのだ。

しかし、よく見る蚊柱とは何か形が違う。無数のユスリカが円運動を描きながら、ジワジワと人の形を成してゆく。

この背格好、辻君だ！

にわかに恐ろしくなり、小林さんは身動きがとれなくなってしまった。

辻君の姿を真似たユスリカの群れがジリジリと迫る。羽音が禍々《まがまが》しい叫び声に聞こえてくるほどだ。

「ごめんよ！　ごめん！　辻君！　もう一緒に遊んであげられなくてごめん！」

小林さんは思わず目を閉じて、精一杯の声で叫んでいた。

すると小林さんの全身に勢いよく何かの液体がかかった。バケツの水を浴びせられたような感じだったという。

目を開けると、この晴天に全身泥水まみれ。着ていた白いワイシャツにはおびただしい数のユスリカが濡れて貼り付いていた。しかし辻君らしき何かも、ユスリカの群れも、その場から消えてなくなっていた。

小林さんはこの不可解な体験を、きっとイタズラ好きの辻君が、最後に一回だけ遊んでくれたのではないか、と理解しているのだという。

階段のうえに立つ女

大津さんが引っ越したのは高校生の頃。祖父母と折り合いが悪くなった両親が、一人息子である彼を連れて、同じ市内のアパートに移ったのだ。長距離の引っ越しではなく、学校にも部活にもそれ以前と変わらずに通えるのはありがたかった。

子供の目にも両親と祖父母の仲がギクシャクしているのは明らかで、そのことを大津さんは大変に悲しくは感じていた。しかしながら、古くて臭くて気持ちの悪い虫が出る祖父母の家から出て行けること自体は嬉しく思っていたのも事実だ。引っ越し先のアパートにしても決してピカピカの新築というわけではないが、それでも彼が自室として使っていいと許可された部屋があり、なによりフローリングの洋間がある。大津さんが友人宅に遊びに行くたびに羨望の眼差しで見ていた「椅子に腰掛けて食事をする」ドラマのような生活ができることに舞い上がっていたそうだ。

そのアパートは一棟に、一階に二戸、二階に二戸、計四戸が入ったつくりになっており、同じものが直線状に三棟連なっていた。大津さんが住むのは、道路から歩いて一番奥の棟の二階だ。棟の正面真ん中にコンクリートの階段がしつらえてあり、一階二階共に入り口を左右に分けている。

そのアパートに引っ越してきてすぐ、大津さんは奇妙な錯覚を見るようになった。

部活で暗くなった帰り道、一番道路から近い棟の前を通る時に、視界の端に白いワンピースの長い髪の女が立っているのが見えるのだ。女は、階段を上りきった左右のドアのちょうど間に立ち、こちらを見下ろしている。

ゾッとしてそちらに目をやると、女に見えたのはその位置にある外灯の灯りであるのがわかる。なんだ、錯覚か。だが不思議なことに、その錯覚は同じつくりであるはずの二棟目、三棟目の階段では決して見えず、必ず一棟目の階段で見えるのだ。

ここを通る際に最初から凝視しているとただの外灯の灯りにしか見えない。それなのに、考え事でもしながら真っ直ぐ前を向いて歩いていると決まって視界の端に女が立っていた。

錯覚である、目をやれば錯覚であるのがわかる、と思っていても、なんとなく気味が悪く感じた大津さんは、両親にも話したことがある。しかし両親には何も見えていないらしく、「怖いこと言うなよ。気持ち悪い」と一蹴された。

しかしそれを境に大津さんは様々な決まった場所で、似たような「錯覚」を見るようになる。

とある角を曲がったところには、決まってうつむき加減で地べたに座り込んだ少女がいた。それはよく見ると道端に生えた大きな草だった。

ある池では必ず、下半身まで水に浸かった女がこちらを見ていた。それはよく見ると昔は何かの看板が設置されていたのかもしれない古びた杭《くい》だった。

部室の窓からよく見える山肌からは巨大な男の顔がこちらを睨みつけていた。それはよく見ると木々に半ば覆われた古い家屋だった。

目をそちらに向けて確認しさえすれば、それらは全て一瞬で消える錯覚なのは明白であった。大津さんは人影が見えるとそちらを凝視して、その幻を消すというのが癖になった。決していい気分というわけではなかったが、彼は次第にそれらを大して気に留めなくなった。なぜなら、錯覚だと知っているから。恐れるものではないから。

その日、大津さんは部活の帰りに友人たちと話し込んで、すっかり遅くなってしまった。

一棟目の前に差し掛かると、やはり視界の端で階段の上に女が立っているのが見えた。決まった場所なので、普段は錯覚が生じないよう、そちらに顔を向けて歩いていたのだが、練習がきつかった日や楽しみなテレビ番組のことを考えていると、たまにこうやって忘れてしまう。

――また見えた。

少しだけうんざりしながらも、大津さんはそちらに目をやった。

ところが、その日に限っては、女が消えなかった。

外灯の灯りが逆光になって、顔はよくわからないが、四〇代くらいだろうか。女が立って、大津さんをじっと見下ろしているのがはっきりと見えた。

目が合っているように思えた。

女が、動いた。

足を伸ばし、一段、階段を下りた。ゆっくりとしたスピードで一段、一段、大津さんの方に女が下りてくる。

「え？　嘘。なに？　実写版？」

大津さんは混乱の極みでわけのわからないことをつぶやいていた。

その瞬間、女がにいいと笑った。目は覚えていないので影か長い髪の毛で隠れて見えなかったのかもしれない。口元だけはしっかり印象に残っている。

大津さんは、こんな恐ろしい笑顔は初めて見た、と思った。

全身から汗が噴き出る。力が抜けてその場にへたり込みそうになる。声も出せない。

この時間、もう両親は帰っているはずだ。

とにかくなんとか家まで逃げて両親に助けを請《こ》おう。

高校生にもなって、普段は生意気なことも言っているのに、こんなことがあれば結局親を頼りにするのか。多少情けない気持ちにもなったが、しょうがない。何度も転びそうになりながらも、家までできる限りの速さで走った。

怖くて、一度も振り返れなかった。

家に帰り着くと息子の大変な様子を両親はしきりに心配したが、彼は無言で部屋に引きこもった。両親の顔を見て、日常に戻れた気がして安心したのもあったが、以前女のことを話して、怖がりの子供扱いされたのが悔しかったのかもしれない。両親に素直に今あったことが言えなかった。

どのくらい経っただろう。突然、部屋の戸が開いた。

大津さんは飛び上がりそうになった。

そこには激怒した顔で母親が立っていた。

「いい加減にしなさい！　近所迷惑でしょうが！」

話が見えない大津さんが尋ねると、母親は「ずっとあなたの部屋から、女の笑い声がしていた」と言った。大音量でゲームでもしているのか、テレビでも見ているのかと思い、隣の部屋から注意したのに、無視していたから怒りに来たのだ、と。

あの女がついて来たのかもしれない。大津さんは今度は泣きじゃくりながら、先ほどあった出来事を両親に語った。

最初は半信半疑だった両親も、彼の様子を見てただ事ではないと思ったのか、後半は真剣に耳を傾けてくれた。

その晩は大津さんが使っている部屋に布団を運び込んで、久しぶりに三人並んで寝たのだという。照れくささもあったが、安心して眠れたと大津さんは語った。

両親は「続くようならお祓いにでも連れていってやろうか」とも言ってくれたが、不思議なことに翌日から階段に女の姿を見ることはなくなった。声が聞こえるようなこともなかったので、お祓いの話も立ち消えになった。

ただ今なお、相変わらず大津さんはたまに「錯覚」をそこかしこで見てしまうらしい。

彼はそれを極力見ないようにしているそうだ。

「また『本物』だったら嫌じゃない。全部錯覚ならそれでいいし、高校生の頃みたいに全部確認していって『本物』に当たったら、困るよ。対処の仕方も知らないし」

大津さんはそう言って笑っていたが、筆者は、

「それ全部本物だったら、もっと困りますしね」

という言葉を飲み込んだ。

父の死

その年の瀬、稲田さんの父親は病院で死の床に就いていた。

七十をいくつか過ぎ、「まだお若い」と言われることもあるが、亡くなったところで短命と言われる年齢でもない。

癌《がん》の摘出手術自体は成功したが、結局意識が戻らぬまま、一週間が経とうとしていた。医者からは「若い頃の無理が祟ったのか、予想より体力が落ちていた」と言われた。

この先、意識が戻る見込みがあるとは、医者は言ってはくれなかった。医者や看護師のそぶりからして、そう長くもたないのだろう。

——若い頃か。

稲田さんは、魂が抜けてしまったかのような父の顔を眺めながら、彼の人生に思いを馳せた。

稲田さんの家は祖父の代から広島県の山中で小さな町工場を営んでいる。まれにアルバイトを雇うこともあったようだが、基本は「社長兼、営業兼、お茶くみ」と自称する父と、雑用を手伝う母の二人体制だった。今では半引退のようなていで、馴染み客の小さな仕事だけを請け負っている。

稲田さん自身もすでに全く畑違いの職に就いているため、父がいなくなったら、工場も閉めることになるだろう。

父は若い頃に居眠り運転が原因の交通事故で、若い女性を死なせてしまっていた。父親自身はそんなことを話題にすることはなかったが、一度だけ、稲田さんがバイクの免許を取ろうとした時に、大反対され、事故を起こしてしまったこと、後悔し続けていることを聞かされた。実は母からも親戚からも、なんなら近所の人からも聞いていたことだが、稲田さんもあえて父にその話を振ったことはなかった。結婚直後、稲田さんが生まれるより前の話だそうだ。

そのためだろう。父は自動車の運転を避けていた。どうしても車が必要な時には母が車を出していた。

こんな田舎で、車を使わずに自営をやっていくのは大変だっただろう。家族にその辛さを語るようなことはなかったが、想像に難くない。

「親父、せっかく若い頃から苦労したんだから、最期くらいは、もうちょっと穏やかに逝かせてやりたいよ。目を開けてくれよ」

稲田さんは内緒話でもするように、そう呟きながら、父の手を両手で包み込んだ。父の腕に、点滴やらバイタルを計る器具やらが繋がれ、管だらけになっているのが目に入った。それだけで痛々しく感じる。

しばらく握っていると、父の体温が伝わってきた。

――まだ、生きてるじゃないか。温かいじゃないか。望みが完全に無くなってしまったわけじゃない。医者だって、もう諦めた方がいい、なんてことは言わなかった。きっと大丈夫だ。

稲田さんがそう心の中で呟いていると、視界の端で何かが動いた。

ベッドをはさんだ向こうから、華奢な女の手が伸びてきたのが、今度ははっきりと見えた。

その手が、稲田さんの手首をつかんだのと、稲田さんが顔を上げたのは同時だった。

いつの間にか誰かが見舞いに入ってきたのか。全く気がつかなかった。

しかし、稲田さんの向かいにいたのは、そんな平和なものではなかった。

大きく口を開けた、血だらけの女。

肩あたりまで伸びた髪は、体表を伝う体液で顔のあちこちに貼り付き、首は不自然なくらい曲がっている。口の中には血が溜まり、鼓動にあわせるようにリズミカルに零《こぼ》れ落ちていた。目は、真っ直ぐに、稲田さんを見ていた。冷たい目だった。

女の口の中から、ゴボ、と音が鳴った。

溜まった血の音かもしれない。

稲田さんは恐怖のあまり、叫び声とともにその手を振り払い、パイプ椅子を蹴って立ち上がろうとして、その場に座り込んでしまった。

腰が抜けている。

それでも這うようにしてドアへ向かった。知らずに、涙まで流していた。

あと少しでドアに手が届く距離まで来た稲田さんの背中を、女の声が撫でた。

「無駄」

意外と静かな声だった。

意を決して恐る恐る振り返ると、すでに女の姿はなかったという。

稲田さんは一瞬、夢か幻でも見ていたのかと思った。女が立っていたあたりに、滴《したた》ったはずの血痕も含め、なんらの形跡も残っていなかった。

ただ、稲田さんの手首には女の爪が食い込んだ跡が残されていた。夢幻などではなかったのだ。

稲田さんはすぐに家に逃げ帰り、まるで禊《みそ》ぎ落とすようにシャワーを浴びた。病院から父の死が知らされたのは、その直後だった。

あれは死神のようなものだったのかもしれないし、別の何かだったのかもしれない。

ただ、稲田さん個人は父親が昔、事故で死なせてしまった女性なのではないかと思っている、と言う。

そして、彼は、とっさのこととはいえ、父親を見捨てて病室から逃げようとしたことを、今でも恥じている。

鈴木捧

イヌグモ

「怖い話してあげようか？」

感情とは関係なく表情を作っただけの「貼り付けたような笑顔」で、そう言われたそうだ。

九十年代初頭、タケダさんが中学校に入りたての頃、まだクラス内のグループも決まっていなかったときの話だという。

席が近いわけでも、出席番号が近いわけでもない。

今となってはどういう経緯でそうなったのか思い出せないが、クラスメイトのカネシロくんと遊ぶことになった。

休日に訪れたカネシロくんの家は、街の高台にある古い住宅街の一角に建っていた。行き止まりになった狭い路地を囲むように数軒の家が並び、そのうちの一軒がカネシロくんの家だった。築年数はまだ新しそうで、外壁にはツヤがあり、家の前に植えられた観葉植物も青々と瑞々《みずみず》しい。車庫があるが、空いている。

自転車を家の前に停めた際、隣の建物が少し気になった。

周囲の他の住宅よりも少し背の高い白い建物で、見た感じ三階くらいはありそうだ。階数についてはっきりしたことが分からないのは、一番上にしか窓がないからだ。嵌《は》め殺しの四角い窓が家の最上部に並び、内側から半透明の青いビニールシートか何かが張られているのが見える。屋根は三角屋根になっているが、住宅という感じはしない。扉は工事現場のプレハブのような銀色のシンプルなものだった。

建物の前には玉砂利の小さな庭があり、その隅、向かって左側には金属製の物置らしきものが置かれている。奇妙なのは、扉がないことだ。ただ、上の方にポストのような細長い穴が開いている。


気にはなったが、もう待ち合わせの時間だったので、カネシロくんの家のインターホンを押す。

間もなくカネシロくんが現れ、門を開けてくれた。三段の小さな階段を上がって扉をくぐり、家に入る。

古木を輪切りにしたようなオブジェの飾られた玄関から廊下がまっすぐ伸びていて、家はかなり奥行きのある構造をしているのだと分かる。「僕の部屋は上だから」と、廊下の脇の階段から二階へ案内される。

カネシロくんの部屋には、ベッドとテレビ、ゲーム機があって、当時にするとかなり裕福な家庭の子供部屋、という印象をタケダさんは持ったそうだ。

カネシロくんが「ちょっと待ってて」と言って一階に下りていき、冷水筒の麦茶と缶のクッキーを持って上がってきた。

それからしばらくは二人でテレビゲームをして過ごした。


下階から車の低いエンジン音と、次いでバックブザーが聞こえた。両親が買い物か何かで出かけていて、それが帰ってきたということだろうか。

カネシロくんが部屋を出ていくと、下でドアを開ける音とガサガサという物音が聞こえた。カネシロくんはすぐに部屋に戻ってきてゲームを再開したが、程なくして誰かが階段を上がってくる足音がする。


「こんにちは」

部屋のドアが開くと、ベージュのズボンに青味がかったグレーのシャツの男性が立っている。カネシロくんの家人なのだろうが、タケダさんの親よりも随分若く見え、しかし兄というには歳がいっている。若いお父さんということだろうか。

「あ、お邪魔してます」

タケダさんがとりあえずと挨拶をすると、その男性は「うん」とだけ答えてタケダさんの方をじろじろと見た。それから腕を組んでドア枠に寄りかかるような姿勢になり、言った。

「ねえ、怖い話してあげようか?」


いかにも唐突だった。

答えに困ってカネシロくんの方を窺うと、俯《うつむ》いてあぐらを組んだ自分の足のかかとあたりをじっと見ている。男性が話し始めた。


隣の建物ねえ、うちが越してくる前、カルトが使ってたんだよ。

カルトって分かるかな? 分からないか。まあいいや。

あの中に二十人も三十人も集まって、団子になって、ね……。

だから今でも朝方とか、時折ね、声聞こえるんだよね。あっちの階段の踊り場らへんの壁に耳をぴたって付けてると。低い声でお経を唱えてるんだよ。そんなときになんか頭が痛いなあと思って天井を見上げると、角のところにびっしりクモの巣が張り付いてるんだ。僕の両手をこうやって、広げても足りないくらい、べたーってね。えっ？　昨日見たときはクモの巣なんてなかったけどな？　そう思ってじっと見てると、それが人の顔だったって分かるのね。顔の皮を剥がして裏返して貼り付けたようなね。ははっ。

ああ、その人たちはもういないよ。ずっと前にいなくなった。

建物の前に小屋があったでしょ。

あそこでイヌグモを育ててたんだ。


聞きなれない言葉は、タケダさんの耳にはイヌグモ、ともイヌグマ、とも聞こえた。

ただ、言葉の意味や細かいところを質問できるような空気でもない。

男性は話し続ける。


それがすごく臭かったみたいでね。

だから近所の人も何人かいなくなっちゃったみたいだよ。

まあ、自業自得だろうね。

それで、カルトがなんでどこかに行っちゃったのか。

いやね、ははっ、あの、カルトの人たちね、イヌグモと人間の子供を作ろうとしたみたいなんだよ。ははは っ。

それで結局、隣の家も汚れて、使えなくなるじゃない。

だからそれ更地にして、うちが建ってるってわけ。

そんなんだからさ、建てるときに地面掘ったら子供の失敗したのが出てきてね。それがまた、黄色くてサナギみたいに固まってるんだよ。臭いんだ、これが。ははっ。

でもうちだって、そのとき子供いなかったじゃない。だから、まだそれ、うちにあるよ。


男性はそこまで話すと、真顔と笑顔を忙《せわ》しなく行ったり来たりするような表情を作り、一瞬ちらっとカネシロくんの方を見て、それからタケダさんの方に視線を移し、「暗くなる前に帰りなね」と言って階段を下りていった。


ポーズしたままだったゲームの画面が固まっている。

明かりをつけていなかった部屋の中がじっとりと暗くなりはじめた。

時計に目をやると、いつの間にか夕方五時をだいぶ回っている。

じゃ、そろそろ帰るね、とカネシロくんに言って、タケダさんはぎくしゃくした足取りで玄関を目指す。カネシロくんは見送りに来る様子もなかった。

一階に下りると、廊下の明かりがついていない。

居間へ続いていると思《おぼ》しいドアに嵌められた磨りガラスからは、幽《かす》かな明かりが漏れている。

震える足で何とか自分の靴を履き、外に出た。

車庫には来たときにはなかった赤い車が停まっている。

自転車を押しながら、隣の白い建物の前を通りすぎる。

どうしてもそちらに意識が向く。

上の方で、トン、という音がした気がして、目がいった。

内側をビニールシートで覆われた嵌め殺しの窓に、人が手をついていたように見えた。

怖くなって早くその場を離れようと自転車に跨《また》がる。

庭の小屋の前を通るとき、ぷうん、と悪臭がした。

腐った野菜と花の香りをでたらめに混ぜたような、ひどい臭いだった。

翌日、中学校でカネシロくんに会った。

カネシロくんはタケダさんに目も合わせず、なんとなく避けているような感じだ。気まずいけれどこのままもよくない。

帰り際、思いきってカネシロくんに声をかけた。

「やっ。昨日はありがとね。てかさ、あのお父さんの話……」

つとめて明るい口調で言ったつもりだったが、タケダさんに向けられたカネシロくんの視線は冷ややかだ。

タケダさんの言葉を遮るように、ぶっきらぼうにこう言った。

「お父さんじゃないよ、あんな人」

それから結局カネシロくんとは疎遠になり、まだ中学に上がりたてだったのもあって別の友達もできて、そのままになった。

カネシロくんとは一年間同じクラスだったが、あまり他の生徒と話をしていた様子もないし、友達もいないようだったという。

チェンジリング

ある年の初夏のことだ。

ゴンドウさんは友人の男ばかり四人で日帰りキャンプに行った先で、奇妙な体験をした。

その顛末《てんまつ》を話してくれた。


利用したのはキャンプ場などの施設ではなく、ただの山中の河原だ。ネットで穴場だという情報を見てそこに決めた。朝のうちに買い出しを済ませ、目的の場所へ向かう。

ナビに従って車を走らせていると、しばらくして山に入り、道路が細くなった。路面は一応コンクリートが敷いてあるが、何年も手入れをしていないのか、荒れている。最初のうちは脇にぽつぽつとあった民家も、進むにつれ廃屋のようなものばかりになり、やがてそれもなくなった。

本当に道が合っているのかと疑問に思い始めたところで、急に景観が開けた場所に出た。

まさに穴場といった感じのちょっとした河原が広がっており、大きな川を挟んだ向こう側は岩壁になっている。川の流れは緩やかで、程よいせせらぎの音が耳に入ってくる。ときどき風が吹き抜けては木々を揺らす。空に雲はまばらで、絶好のキャンプ日和だ。

少し進んだ先の路肩に、車二、三台分といった大きさの駐車スペースがあって、そこから河原に下りていけるようになっていた。

駐車スペースは少し森に入っていて、そこから河原まで木々の中をつづら折りの道で下っていく。両脇が草に覆われた道はちょっとした山道のようで、足元に気をつけながら歩く。

道の傾斜がなくなったところで奇妙なものが日に入った。

藪の中にトタンや幌布《はんぷ》が柵のように立っている。その奥にひょろ長い木造二階建ての小屋が建っているのが見える。小屋のすぐ裏手には森が迫っていて、後ろまでは見えないが、周囲の「柵」は小屋の周りを囲っているように見える。トタンは錆び付いてところどころに穴が開き、幌布は苔《こけ》で青緑に汚れ、小屋もぼろぼろに見えた。二階の窓は開けっぱなしになっているが、暗くて中の様子は窺えない。水道関係か、林業なのか、そういう用途のための設備にも思えたが、いずれにせよ長期間使われず放置されているのだろう。

バーベキューで昼食にし、川遊びなどをして思い思いに過ごすうち、夕方になった。夏になりつつあるとはいえ、山中なので日が傾くのは早い。キャンプ道具を撤収して車への道を戻る。

道の半ばで、仲間の一人、ハヤセという男が「ワリ、あっちに携帯忘れたかも。ちょっと見てくる」と言って戻っていった。

ゴンドウさんたちは先に行くことにする。途中、あの小屋の脇に差し掛かった。

何となくそちらを見ていると、仲間の一人が、

「ちょっと気になるよな？　入れるのかな？」

と言う。

他の二人も乗り気になって、入れる場所はないかと裏に回ると、ちょうど柵が倒れている。

そこから敷地内に入ると、小屋の裏側には室外機のようなものがあるほか、大きなシャベルやリヤカーが放置されている。

小屋の入り口を探して表側に回ると、金属製の両開きの引き戸がある。やはり錆がひどく、簡単には開きそうにないように見える。

なんとなく、二階の方を見上げた。

「うおおっ」

と声が出た。

開いた窓枠に指がかかっている。

誰かいたのか。

そう思ったが、窓から顔を出したのはハヤセだった。ニヤニヤと笑っている。

裏口でもあったのかと思って「どっから入ったんだよ」と声をかけるが、答えない。

ハヤセにからかわれているのかと思って、他の二人と一緒に小屋の周囲を回って入れるところを探した。

再び裏手に回ったところで、柵の倒れたところの外側からハヤセがひょいと顔を出した。

変だ。先ほど小屋の二階にいて、ゴンドウさんたちはその周囲を回っていた。しかしその間ハヤセが下りてきた様子はない。

訝《いぶか》しんでいると、ハヤセはこんなことを言う。

「暗くなったら携帯見つかんねえと思って、焦ったわ。普通に座ってた石の上に置いてた」

まだこちらをからかっているのかと思って、

「いやいや、いつ上から下りてきたんだよ」

と訊くのだが、本当に事情が分かっていない様子でキョトンとしている。

気味が悪くなって、「もういいや、行こうぜ」とその場を後にした。

最後に小屋の方を振り返ったが、夕闇の中で二階の窓の中の様子は窺えなかった。

そのときの三人とは今では疎遠になってしまって、ゴンドウさんの胸には蟠《わだかま》りがのこっている。

「ひとつだけ、ずっと気になってるんですね。あのとき、ハヤセは川の方に携帯を取りに行った。でも、小屋の二階にもハヤセがいた。だから、俺らが一緒に帰ってきたのって、本当に最初のハヤセなんかなって」

ゴンドウさんは何かを思い出すように遠くに目をやり、続けた。

「つまり、もしかしたらあのとき携帯を取りに行ったハヤセでなくて、小屋の二階にいた方のハヤセなんじゃないかなって」

しばらくはハヤセとも付き合いがあって、特に変わった様子はなかったが、それでも話すたびに妙な罪悪感のようなものを覚えたそうだ。

私の幽霊

「えっ、ここ」

なんとなくつけていただけのテレビで、ふいに映った光景に目が留まった。

ムツミさんが以前の仕事の通勤途中に使っていた、地下道だったのだという。

夏の心霊番組の中の一コーナーで、タレントが何箇所かの心霊スポットを訪れていく、というものだったそうだ。


「正直なところ、ブラックでしたね」

業種は伏すそうだが、とにかく上司からのパワハラがひどかった。

ムツミさんが終業のタイムカードを切ったのを確認してから、追加の作業を押し付けたり説教が始まったりする。

休みの日の早朝に電話してきては、ネチネチと前日までの業務の問題点を指摘してくる。

部署内で公然とムツミさんに対し言いがかり的な叱責をし、あろうことか周囲のスタッフに叱責の内容について同意を求める。

連日そんな様子だったので、ムツミさんの精神は限界だった。

知り合いや然《しか》るべき機関に相談する、といったことも思い浮かばず、「悪いのは私なんだ」と自責するようにすらなっていた。

「毎日死にたいって思いながら、あの地下道を歩いてました」


ある日の夜十一時頃、へとへとになったムツミさんは、仕事用の革のバッグを両手で胸の前に抱えるようにしてふらふらと地下道を歩いていた。

地下道は線路の下を通っており、電車が通るとガタガタと壁が音をたてる。

その音がやけに長いなと思った。いつまでも音が止まない。

と、歩いているつもりでいた自分の足が前に出ていないことに気づいた。ぐっ、ぐっ、と足の甲あたりに力をこめるが、一向に足は前に出ようとしない。

あ、本格的にだめだ、わたし。

そう思った瞬間、意識がつむじのあたりから上に抜けるような感じがした。

気がつくとムツミさんは地下道の壁際に座り込んでいた。

混乱しながら腕時計を見ると、午前一時前、終電まで残りわずかという時間になっている。

あんなところで気を失うなんて、もしかしたら犯罪に巻き込まれていたかもしれない。このときのことでムツミさんはようやく決心して、仕事を辞めることにした。

件《くだん》の心霊番組を見ていて、そんな日々のことを思い出した。

番組の中では、その地下道にまつわる噂が紹介されている。

曰く、最寄り駅では人身事故が多く、その犠牲者の遺体が地下道の上あたりまで引きずられることがよくある。そんな犠牲者たちの幽霊が現れるのがこの地下道である。

例えば、こんな話がある。深夜に通ると向かいから女が歩いてくるが、すれ違ってすぐに足音が消える。えっ？　と思って振り返ると誰もいない。重そうなバッグを引きずるように持ったこの幽霊はとくに有名で、多くの目撃者がいる――。

「それ見たとき、あ、これ、私の幽霊だな、って思ったんですよね」

ムツミさんから出てきた意外な言葉に、生き霊、みたいなことですか？　と問うと、少し違う、という。

「あのとき、本当に毎日死にたかったんですよ。上を通る電車の音聞きながら、電車に飛び込むのは痛いだろうな、とか。死ねる薬、どうやったら処方してもらえるのかな、とか。そういうことばっかり考えて」

少し考え込むようにしてから、言葉を続ける。

「……だから、あのとき死んでた私も確かにいたんだ、って思うんです。パラレルワールド？　そう言われると感覚的にちょっと違いますね。どう言えばいいかな。うん、私がその仕事してたとき、住んでいた街で女の人が刺される事件があって。結構歳も近い人が被害にあってて。その現場の前、結構普段通ったりする道だったんですね。だからもしかしたら、刺されてたのは私だったかもしれない」

また少し考え込む。

「人間って常に、いろんな可能性の中を生きてますよね。ある角を曲がったか曲がらなかったか、みたいなことまで含めて。そうやっていろんな可能性がある中で、あの当時に仕事で心を完全にやられて死んでいた自分って、かなり高い確率で現実になっていた可能性だったと思うんですよ。だから……、その可能性の自分の幽霊が出るのって、私的には、まあ、あるだろうな、くらいの感じがするんです」

だからあのバッグを持った幽霊って、たぶん私の幽霊なんですよね。

ムツミさんはどこか昔を懐かしむような表情をして、そう言った。

心霊番組の件の地下道を扱ったパートは、結局現場リポート中には幽霊がカメラに映り込むようなことはなかったが、何かを引きずるような不可解な物音が収録されていた、というふうにまとめられていたそうだ。

山に呼ばれている

三十代の会社員、タキモトさんは、冬のある日に山に出かけた。

冬用タイヤを履かせた愛車で林道を上がり、駐車場に辿り着く。他の車はない。雪で足が埋もれた案内板の脇を通りすぎ、登山道に入る。平坦な樹林帯を進むと徐々に傾斜がついてきて、それに従って雪の厚みも増してきた。

オフシーズンで人の姿はなく、雪で登山道は消えかかっている。ただ、タキモトさんにとっては毎年のように登って熟知している山で、ルートもしっかりと把握している。

今年は例年より雪が少し深いようで、靴が足首まで沈む。ゲイターと呼ばれる、朝露《あさつゆ》や雪が靴の中に侵入するのを防ぐための装備を使っているので、靴の中が水浸しになる心配はない。ただ、雪に沈んだ足を動かすのは普通に歩くよりも大きく体力を消耗する。意識して呼吸を深くし、慎重にゆっくりと歩を進めていく。

辛い登りをしばらくこなすと、稜線《りょうせん》が見えてきた。空は澄んで青が濃く、足元の白と鮮烈なコントラストを成していた。木々も枝に雪をまとい独特の景観を作っている。立ち止まると、しんとして音がない。

なんて静かなんだろう……とそう思ったところで、微かに音がした。ぎゅむ、ぎゅむ、という音だ。聞き慣れている、雪を踏む足音だ。駐車場には車がなかったけれど、他の人がいたのか。別の登山口から登ってきたのだろうか。

そう思っているうちに、稜線の向こう側から人影が現れた。五十代くらいの男性に見える。モスグリーンの防寒着にニットキャップ、グレーの年季の入ったザックを背負い、二本のストックを突いている。

こんにちは、と声を掛けると、向こうも会釈をしながら同じ挨拶で応えた。

「まさか冬のこの山で人に会うとは」

そうタキモトさんが言うと、相手の男性が言葉を返してくる。

「あはは。私も今日は初めて人と会いました」

「山頂の景色はどうでしたか」

男性が歩いてきた方向からして、今は下山中だろうと思ったのだ。

ところが男性は、

「ああ、山頂には行かなかったんだ、私」

と言う。そしてこう続けた。

「稜線上を少し歩いたんだけど、雪が深くてトレースもないし、ちょっと危ういかなと思ってね。まあ、いい景色は見られたし、いいかなと」

トレースというのは他の登山者が歩いた跡のことで、特に雪山登山ではこれがあるかないかで難しさが大きく変わってくる。

「そうなのですか。この山は初めてですか？」

タキモトさんが訊くと、男性は少し考えるようにして答えた。

「うん。私、そもそもしばらく山自体を離れていてね」

ブランクのある山登りでいきなり雪山を？　と疑問に思いつつ、「じゃあ、今日はなんでまた急に？」と訊く。

男性は言う。

「いやね、変な話なんだけど。夢に見たの。それも先週からずっとなんだ。……夢の中で私、毎晩山を登ってるんだよ。見覚えのある道だな、でもどこの山だろう？　と思いながら」

どこか引き込まれる話に、タキモトさんも黙って先を促す。

「毎朝目が覚めると、何か山に呼ばれてるなーなんて思いながらさ。それで休みになって、昔の装備を引っ張り出して、近場でいつも通勤中に見えるこの山にしようと」

男性は身振り手振りを交えて話す。

「それで登ってみたら、不思議なんだよね。夢の中で登っていた山なんだ、ここ。森の中をこれくらい歩いていくと川が現れて、そこからこれくらい行くと斜面が急になって。デジャヴュって言うんだっけか。途中から答え合わせみたいな、妙な感じもしてね」

不思議な方向に流れていく話の続きが気になり「へえ……それで?」とタキモトさんも先を促す。

「ただ変だったのはね、夢と違う箇所もあるんだよ。私、夢の中で毎日のようにこの山を登っていたわけなんだけど、登頂できたことは一度もないの。というのは、夢の中で、いつもある程度進むと到底通れないような障害が出てくるんだ。垂直に近いような斜度の斜面とか、凍った滝、踏み出すと足首まで沈むようなぬかるみ、鎖もかかってない崖みたいな岩場」

まあ、それで実際、今日も山頂には行けなかったわけなんだけど、と男性は笑う。

「今にして思うと、あれ、警告だったのかな? 登れないから止めとけって。私、この山に来ない方が良かったのかな?」

そう言って男性は沈黙した。タキモトさんも「それは……」と言ったきり少し黙ってしまう。

結局、「そしたら、私は行けるところまで行ってみますんで、そちらも下りに気をつけて下さい」とタキモトさんは声をかけて、男性と別れた。

男性も最後に「そっちも気をつけてね」と言いながら、ストックを持った右手をひょいと上げた。

辿り着いた山頂で景色を楽しみ、昼食をとりながら、タキモトさんは静かな時間を過ごした。

下山中、雲が出てきてちらちらと雪が舞い始めた。風もあり、地面の雪も舞い上がって視界が悪くなる。

なんとか駐車場に辿り着き、車に乗り込んでから、あの男性のことが気になった。

無事に下まで辿り着けただろうか？　今になって思い出すと、装備もそこまで雪道を想定したものではなかった。ゲイターもつけていなかった気がする。

何よりあの話だ。

毎日のように見る夢の中で、現実には存在しない障害が現れて結局一度もこの山を登りきることができなかった……。

そもそもよく考えれば別の登山口というのを自分は知らないが、男性は一体どこから登ってきたのだろう。

今となっては男性がどうなったかは知りようがない。

無事に下山できたことを願うが、今でも思い出すとどこかもやついた気持ちになって、記憶に残っている出来事なのだそうだ。

漂流物

これから記す話の中では特に超常的な出来事が起こるわけではない。
なので、この話は「怪談」とは違うかもしれないのだが、「怪談本」の中に配置して「怪談」として語ることに意味があるように思えたので、ここで紹介する。

四十代の男性、ヒロマさんが小学生のときの話だというから、三十年ほど前のことになる。

当時ヒロマさんが住んでいた町の中心を川が流れていた。川は幅十メートルほど。両岸を護岸が固めていて、その上を沿って緑の金網が走っている。川の水深は深くなく、中心に近いところでも、転がった石が水面から頭を出していた。その程度の深さなので、流れもそこまで速くない。そのせいか護岸沿いにはヘドロのような黒い汚れが溜まり、層を作っていた。

そんなふうにあまり綺麗とは言えないこの川でも、鯉《こい》や亀《かめ》といった生物がいて、幼いヒロマさんにとって身近な自然のひとつではあった。

あるとき、大型の台風がヒロマさんの住む町を通過した。

小学校が休みになったヒロマさんは、図書室で借りていた本を読みながら自室で過ごしていた。

外では激しい雨音が鳴り、叩きつけるような風が窓を揺らしている。

そんな中、突然家のチャイムが鳴ったかと思うと、濡れ鼠《ねずみ》のようになった兄が帰ってきた。

「川、溢《あふ》れそうになってたわ。洪水みたいになってて、あんなの見たことない」

兄も中学校は休みのはずなのに家で姿を見なかったのでどうしたのかと思っていたが、外を見に行っていたらしい。

案の定、あとで母親からこっぴどく叱られていた。

夜のうちに台風は過ぎ、翌日のことだ。

朝は茶色をした濁流が護岸の中ほどまで達した川を横目に登校したが、下校時には水量も落ち着いて普段の川に近い様子にまで戻っていた。

台風が押し流したのか、ヘドロのような汚れがかなり減っており、水もいつもより澄んでいる。川がこんなに綺麗なのを見るのはヒロマさんも初めてだった。

その一方で、普段見ない漂流物がちらほらとある。

川の中ほどに突き刺さる折れ曲がった自転車。丸太のような流木。無理やりねじり切ったトタン板……。

「ちょっと上の方に行ってみようぜ。あの、工場とかのとこ」

ヒロマさんは、まっすぐ帰らずに少し川の上流まで辿ってみようと友達に提案した。上流は川幅が少し狭く、また川も自然の状態に近いので、ここよりも荒れているのではないかと思ったのだ。

工場の立ち並ぶ中を抜けて川を遡《さかのぼ》っていくと、だんだん下流と様子が変わってくる。流れの中に大きな石が増え、その隙間に木屑《きくず》が堆積している。水深はやはり普段より深く、流れも速いように見える。

護岸の上の金網が破れた箇所があって、ヒロマさんは普段はそこから川岸に下りたりしていたが、その日はそんな足場も水中に沈んで下りられなくなっていた。

川沿いをしばらく進んでいくと金網で囲まれた何かの設備がある。そこから川の上を渡すように太いパイプが向こう岸まで伸びている。

パイプの上をやはり金網でできた橋が通っていて、一応、立入禁止というような鉄扉が付いているのだが、簡単によじ登って乗り越えることができた。

橋の真ん中に立つと、やはり水面がいつもより近い。流れもそこそこあり、少しの怖さを感じた。

水面を眺めていると、横の友達が言った。

「何か引っ掛かってるな」

その視線の先を辿ると確かに白い大きなものが水中に揺れている。大きな石に引っ掛かって、流れずにその場に留まっているようだ。

水流の中にあるせいで質感も分からず、何なのか皆目《かいもく》見当もつかない。

「ちょっと待ってて」

言ってヒロマさんは川の両脇の砂利道から石を幾つも取ってきた。

投げつけてぶつけようと思ったのだ。

改めて橋の真ん中に立ち、「おら」「ヒット」などと声をあげながら石を川に投げ込んでいく。

その中で、白いものの引っ掛かりがふいに外れた。風にあおられて洗濯バサミが外れた洗濯物のように、白いものがふわりと流れに乗る。水面に浮かび上がると同時に、解放されて体を伸ばすかのように広がる。泥や枝葉で汚れてこそいたが、それが何だったのかはっきり分かった。

真っ白な着物だった。

「えっと、つまりそれは……、死装束《しにしょうぞく》が流れてきてたっていう」

私が訊くとヒロマさんは、

「えっ。……あっ。そっか。確かにそうだわ、今思うと」

言われて初めて気付いたというふうに答えた。

「変だな。そういう風には全然考えなかったです。いや、当時あの、コント番組ありましたよね？　お殿様の……。ああいうので見てたから、死装束自体は知ってたはずですけど」

改めてヒロマさんに確認する。

「いや、白い着物だから、即、死装束だって話になるわけじゃないですけど……。話を聞いた感じで、薄手のものっていう風にイメージしたので」

私の言葉に対して、ヒロマさんは一瞬考え込むようにしてから言った。

「そっか……。だから無意識のところではっきり記憶に焼き付いてた、みたいなところもあるのかな。そう思うと改めて怖いな、なんか」

ヒロマさんは「不思議な話とかではないけど」と言って、そんな話を聞かせてくれた。

旭堂南湖

ラグビー

二十年以上前のこと。ノダは当時、高校二年生。クラスで一番背が高く、ラグビー部に入っていて、毎日練習に励んでいる。グラウンドの向こうには山が連なっており、木々が色づき始めた。ランニングでは学校を出て田んぼの中の一本道を走っていく。ラグビー部に入ってから、何度も何度も走っている道。田んぼではもう稲刈りが始まっている。

「いよいよ来週は試合だ。絶対勝つぞ」

そんなことを考えながら、前を走っていたユウジを抜いて、学校へ戻った。

ノノムラユウジが亡くなったと聞いたのは、翌日だ。四時間目、先生が授業の途中に、職員室へ行って戻ってこなかった。そのまま自習となり、ノダは弁当を食べ始めた。この時、チラッとユウジの机を見た。珍しくユウジが休んでいた。

「何してんねん。来週、試合やぞ」

と心の中で思った。その時、心臓を誰かに握られているような、嫌な気分になった。

しばらくしてから、担任の先生、五十代の女性の先生だったが、涙を流しながら教室に

入ってきた。それまでザワザワしてた教室がシーンと静まり返り、先生は喋ろうとしているのだが、声にならず、

「ノノムラ君が、ノノムラ君が」

と言ったきり、肩を震わせしゃくり上げている。ノダはなぜだかわからないが、先生に向かって笑いながら、

「ユウジが死んだんか」

と言った。先生は驚いて、ノダをジッと見つめていた。

ノダとユウジは高校に入ってから知り合った。出席番号はノダの次がノノムラユウジだ。席が近くて喋るようになり、すぐに仲良くなった。ユウジに誘われてラグビー部に入った。毎日、教室で喋って、昼飯を食べて、部活で汗を流し、自転車で一緒に帰る。帰る途中、コンビニに寄って、からあげとチェリオを買うのがいつもの定番。コンビニの駐車場で一緒に食べて、くだらない話をして、「じゃあ」と手を振って別れて、家に帰る。二年生になってクラス替えがあったが、二人はまた同じクラスになった。出席番号もノダの次がユウジだ。一緒に授業を受けて、一緒にラグビーをして、一緒に帰って、一緒にコンビニに寄った。何度も繰り返してきた日々。

ユウジはその日の朝、いつも通りに家を出ると、高校に行く途中、その地域で一番高いマンションの屋上まで行って、そこから飛び降りたそうだ。自殺したのだ。屋上に行くには、エレベーターで最上階まで行って、そこから階段を上がる。重い鉄の扉を開けると、屋上に出る。屋上には何もない。空だけがあった。ユウジが自殺してからは、鉄の扉に鍵が掛けられ、管理人に言わないと、屋上へ出ることができなくなった。遺書はなかった。

先生に呼び出され、ユウジの死を伝える前に、なぜ「ユウジが死んだんか」と言ったのか、理由を聞かれたが自分でもわからない。なんとなくそんな気がしただけだ。今日、ユウジの机を見て、嫌な気持ちがしたこと。先生が泣いているのを見て、直感的にユウジが死んだと思った。そう答えたが、先生には理解してもらえなかった。自分でもなんで、あんな言葉が出たのかわからない。

「ユウジは悩んでいたか？」

と訊かれたが、それもわからない。同じ高校生だし、誰だって悩みぐらいはあるだろう。ノダにも悩みはあった。どうやったら彼女ができるのかとか、成績のことやラグビーのことも、些細だが悩みはあった。でも、マンションの屋上から飛び降りるほどの悩みではなかった。

ノダは部活も学校も三日間だけ休んだ。ユウジのお通夜、葬式には行ったが、ユウジのお母さんが狂ったように泣き叫んでおり、その場にいることができず、ユウジの顔を見ずに帰ってしまった。

それ以降、眠れなくなった。ウツラウツラしたかと思えば、マンションから自分が飛び降りる夢を見ては、ギャッと声を出して跳ね起きる。

心が落ち着かない中、ラグビーの試合があった。会場は花園ラグビー場。大きな大会だ。この大会で勝つために、毎日練習を重ねてきた。だけど、今は「絶対勝つぞ」という気持ちもどこかへ行ってしまった。頭の中はもやがかかったように、ぼんやりしている。

ノダはラガーシャツを着て花園ラグビー場に立つと、空を見上げた。綺麗な青空。白い雲がぽっかり浮かんでいて、ラグビーボールと同じ形だと思った。ラグビーボールの雲が、ゆっくりと動いている。サーッと風が吹いていて気持ちいい。しばらく眺めていた。

「ノダ」

急に声をかけられて、ビクッとした。チームメイトのナカムラだ。

「おい、どうした？　集中しろよ。大事な試合やで」

試合前の練習。いつもは緊張しないのに、今日は体が固い。無理はない。ここ一週間、ほとんど寝ていないし、頭がクラクラする。ナカムラが「それっ」と言って、ノダにラグビーボールを投げた。ラグビーボールは物凄い勢いで回転しながら飛んでくる。真正面だ。楽々キャッチした。

モサッ。

いつもならパンと受け止めるのだが、今日はモサッとした感触。見ればラグビーボールではなく、人間の頭。生首だ。ラグビーボールよりずっしり重い。髪の毛がゴワゴワしている。別段、驚かなかった。ラグビーボールが生首のように見える。そういうこともあるだろうと思った。ノダには生首の後頭部が見えている。頭の上下が逆さになっている。スパッと切断された首の部分が上にあって、血まみれの肉や骨が見えている。頭のてっぺん、頭頂部が下にある。ノダは両手で耳の辺りを持っている。

「ユウジ。なんで死んだ？　なあ、ユウジ。教えてくれよ」

ラグビーボールを両手で半回転させるように、生首をクルッと回して、顔の正面を見た。額に深いしわがあって、右目は潰れ、真っ白。口が歪んで、紫色の短い舌がダラッと出ていた。見たこともないおっさんの生首。口からは腐ったにおいがした。

「誰やねん」

叫びながら生首を軽く浮かせると、右足で思いっきり蹴り上げた。やがて、生首は空高く上がって、ゆっくりと放物線を描くように落下する。地面に落ちた時には、生首ではなく、ラグビーボールに戻っていた。

試合は負けた。それからもノダは、あまり眠れない日々を過ごしたが、高校を卒業する頃には、ようやく眠れるようになっていた。そして、あの時のおっさんが誰なのか、いまだにさっぱりわからないそうだ。

崖

三十代の男性、ナオトから聞いたお話。

ナオトが小学生の頃、近所にある小高い山を切り拓《ひら》いて、真ん中に新しい道を通すことになった。山に大型のタンプカーやショベルカーが何台もやってきて、工事を始めた。最初は珍しく、近所の子供たちは工事現場まで様子を見に行っていたが、いつまで経っても工事は終わらない。それほど大きな山だった。結局、二年ほど経って、山の真ん中に砂利《じゃり》道ができた。まだ工事の途中で、入り口には進入禁止と書かれた鉄の柵が置かれていた。

ある秋の日曜日。六年生のナオトは友達三人に誘われて、この工事中の道へ行ってみることになった。今日は工事も休み。誰もいない。鉄の柵を乗り越えて、工事現場に入る。巨大な彫刻刀で山を削ったような、荒々しい土道が現れた。左右は切り立った崖になっていて、風がビューッと通り抜けると、時折、上からザザーッと砂が落ちてくる。

「あれ」

ヒロシが前方を指差した。そこにリスが一匹いた。リスは子供たちをチラッと見ると、崖を跳ねるように登っていった。生まれて初めて野生のリスを見た。この山にリスが生息

していたとは知らなかった。ナオトは興奮した。ヒロシが、

「あのリス、捕まえようや」

と言って崖を登り始めた。ほぼ垂直に立つ崖。少し登っては足を滑らせ、ザザザーと落ちてくる。崖の高さは、二階建ての家よりも遥かに高く見えた。この崖をコンクリートで固め、砂利道にアスファルトを敷くと、立派な道になる。出来上がるのはまだまだ先だ。

「こっちから行けそうや」

ヒロシに続いて、シンイチ、マナブも登っていく。

「おい、ナオトも登れや」

ナオトは高所恐怖症だ。下から見上げているだけでも怖いのに、こんな崖、登れるはずもない。三人はコツを掴んだのか、スイスイ登っていく。ナオトも仕方がない。両手両足を使って懸命に登り始めた。下を見ると怖い。慎重に時間をかけて登っていく。いつの間にか半分以上登ったようだ。三人はすでに崖を登りきって、上からナオトを見下ろしている。

「はよ登れや」

頭の上から唾をかけ始めた。

「やめて。ほんまやめて」

「ギャハハハハ。落ちろ、落ちろ」

今度は砂をかけ始めた。ナオトは目を閉じ、必死で堪えていたが、もう腕に力が入らない。これ以上登るのは無理だ。下りよう。うっすら目を開けて下を見ると、怖い怖い怖い怖い怖い。随分高いところまで登っている。ここから落ちたら死ぬぞ。死んでしまう。本当に死ぬぞ。三人はしつこく砂をかけてくる。ナオトは悲しくなった。シクシク泣き始めた。太ももから生暖かい液体が垂れていく。小便を漏らしたのだ。登ることもできず、降りることもできない。ただ崖にしがみついていると、砂が落ちてこなくなった。ソーッと上を見る。静かだ。もう登るしかない。下を見ないように必死で登った。ようやく崖を登りきると、体がガクガク震えて立っていられない。四つん這いになった。深呼吸を繰り返す。

しばらくして、崖の下を見た。想像以上に高い。よくもこんな崖を登ろうと思ったものだ。頭の中に、スイカ割りの映像が浮かんだ。棒を力強く振り下ろすと、スイカは真っ赤な果肉と汁を撒き散らしながら、グシャッと割れた。落ちたら本当に死んでいただろう。

「死ななくてよかった」

周りを見たがヒロシたちの姿がない。この時に山の中から、ネットリした嫌な視線を感じた。その方向を見るとさっきのリスだ。ナオトをジッと見つめて、ピョンと跳ねると向こうへ行った。リスを追いかけて、山に入っていく。三人が横たわっている。

「何してんの？」

声をかけたが返事はない。三人は白目をむいて、口から泡を吹いて倒れていたのだ。

「ど、どうしたん？」

体を揺すると、

「ゲボッ」

口や鼻から、ネバネバする赤黒い液体を吐き出して、苦しんでいる。シンイチ、マナブも順番に揺すった。吐き出した赤黒い液体でシャツやズボンを汚しながら、ウウッと呻《うめ》いている。

ナオト曰く、その後のことはあまり覚えていない。家にたどり着いたのは夜遅く。親が心配をしていた。体も服も泥だらけ。こっぴどく叱られたことは覚えている。翌日、友達三人に聞いてみると、崖を登ったことは覚えているが、崖の上で一体何があったかはわからないという。

これは後に知ったことだが、あの工事の途中、山の中から成人男性の白骨化した遺体が発見された。また、工事関係者が一人亡くなった。そんなことがあって、工事が止まっていた。工事が止まっている時に、ナオトたちは崖を登っていたのだ。

ナオトは中学生になり、彼らとはクラスも一緒にならなかったので、その後、あまり遊ばなくなった。

結局、道路が完成したのは、ナオトが高校一年になった頃。足掛け五年ほどかかったが、立派な道が出来上がった。ナオトは高校生になると、その道を通学路として使っていたが、その後、リスを見かけたことは一度もなかった。

あの時、先に崖を登った三人。ヒロシとシンイチとマナブ。ヒロシは十八歳で事故死、シンイチは二十二歳で病死、マナブは三十歳で自殺。どういうわけか、三人とも若くして死んだ。

ナオトは今でも年に数回、あの崖から落ちる夢を見て、目が覚めるそうだ。その時、必ず寝小便をしてしまうという。

「大人になって寝小便をするのは、本当に情けなくて。病院にも行っています。でも、治らないんです」

鬼

明治生まれの祖母、名前をミエと言いましてね。百三歳でこの世を去りましたが、生前、ミエに聞いたお話。

ミエが子供の頃、近所にハルコという同級生がいたそうで、ハルコの家には鶏《にわとり》小屋があった。毎朝、卵を集め、鶏小屋の掃除をするのがハルコの仕事。ハルコはこの仕事を終えてから、朝食を食べ、学校へ行っていた。

その日は雨がシトシト降っていた。ハルコはいつもと同じように、ザルを持って卵を集めていると、鶏小屋の外で人の気配がした。

「誰?」

返事はない。小屋から出ると男の子が立っている。年はハルコと同じぐらいだが、見たことのない子だった。紺地の粗末な着物を着て、裸足《はだし》。風呂に入っていないのか、顔も手足も垢《あか》で赤黒い。髪の毛はボサボサで、どういうわけか脳天に大きな瘤《こぶ》が一つ。ボコッと膨《ふく》らんでいる。ハルコを見てニタァと笑った。笑うと八重歯がニュッと出る。大きな八重歯で、牙のように尖《とが》っていた。

学校でハルコからこの話を聞いたミエは、「頭の瘤って角《つの》とちゃう。牙が生えていて、鬼みたいやなあ」と言った。

翌日も雨がシトシト降っていた。朝、ハルコが鶏小屋に向かうと、昨日の男の子がいた。ザルを持って卵をせっせと集めている。ハルコに気づくとニタァと笑った。

「卵を盗《と》ったらあかん」

ハルコが叫んだ。男の子は言葉がわからないのか、首を傾《かし》げザルを持ったまま、ゆっくりと鶏小屋から出てきた。ハルコは昨日、ミエが言った「鬼みたいね」という言葉を思い出し、急に怖くなった。足元にあった小石を拾うと、近づいてくる男の子目掛けてビュッと投げた。小石は横へそれた。男の子はしばらくキョトンとしていたが、ハルコに卵の入ったザルを渡すと、石を探し始めた。そして、卵ほどの大きさの石を拾うと、ハルコ目掛けてビュッと投げた。石はまっすぐ飛んで、ハルコの眉間《みけん》に当たった。

「痛い」

眉間が割れて、血がタラタラッと流れた。男の子はハルコを見てニタァと笑った。

一ヶ月後、ようやく頭の包帯が取れた。あれ以来、男の子は見ていない。今日は日曜日。いいお天気だ。ハルコは父親から、卵を産まなくなった鶏を絞めるように言い付けられた。

今晩は鶏鍋。ご馳走だ。

その日、ミエはハルコの家に遊びに行って、仕事ぶりを見ることになった。ハルコは鶏の足を掴んで、縄で固く縛り、太い木の枝に逆さに吊るした。やがて、包丁でエイッと鶏の首を切り落とす。ミエは両手で目を覆ってうつむいた。鶏は血を吹き出しながら、バタバタッともがいていたが、その内に動かなくなった。

ミエが再び顔を上げた時、ハルコの後ろに瘤のある男の子が立っていた。そして、首の切られた鶏を見て、ニタァと笑った。

男の子は鶏小屋へ向かった。小屋へ入り、逃げ惑う鶏を追いかけて、鶏を一羽捕まえてくると、ハルコの所へ戻ってきた。首のない鶏を縄から外して、その縄に捕まえてきた鶏をぶら下げた。男の子はハルコに向かって手をグッと出した。包丁を貸してほしいのだろう。男の子が捕まえてきた鶏は若い。これからも卵を産む。ハルコは男の子を突き飛ばして、鶏を助けようと思った。

いやいや、やめておこう。何をされるかわからない。黙って包丁を渡した。男の子は包丁を受け取ると、鶏の首を持ってニタァと笑った。鶏はバタバタバタッと必死で羽根を動かしている。

その時、後ろの方からドスンドスンドスンと地響きがした。何事かと驚いて振り返ってみると、身の丈二メートルを超える大きな男。頭には二本の角、牙も立派に生えている。体は赤黒く、針金のような毛が生え、虎の毛皮の腰巻きを巻いている。間違いない。鬼だ。

ドスンドスンドスンとやってくると、男の子の頭をポカーリと殴った。男の子はウエーーーンと泣いた。鬼は大きな体を小さくして、ハルコの前でヘコヘコと頭を下げると、もう一度、男の子をポカーリと殴った。そして、男の子の手を取り、ドスンドスンドスンと大きな音を立てながら、どこかへと消えた。

ハルコとミエはしばらく口も聞かずに、ただ呆然と立っていた。

その後どうなったのか、どうして鬼が来たのか、いくつか疑問があって、祖母に聞いたのだが、「さあ、忘れた」と言って、教えてくれることはなかった。

ある年のお正月。祖母に届いた年賀状を見ていると、渡辺ハルコと書いてあって、「ハルコの名字は渡辺か」と聞くと、祖母は「渡辺綱《わたなべのつな》の子孫や」と答えた。

その時、渡辺綱が何者か、私は知らなかった。渡辺綱が鬼退治で有名な人物と知ったのは、祖母が亡くなってから。

ハルコは本当に渡辺綱の子孫だったのか。そうだったとして、鬼が頭を下げたことと何か関係があったのか。今となってはもうわからない。

北枕

カナさんは二十代後半の女性なんですが、彼女が二十歳《はたち》過ぎのお話。

カナさん、アパートに引っ越すことになった。古いアパートだったが、初めての一人暮らし。布団も枕も新しいのを買った。部屋に家具を配置して、寝室に布団を敷いた。

三ヶ月経った。一人暮らしにも慣れ、新生活でウキウキしているのだが、どうも寝つきが悪いというのか、夜中に嫌な夢を見て目を覚ますことがある。夢の内容は詳しく覚えていない。全身にジトッと汗をかいて、嫌な気分だけが残っている。新しい枕が合ってないのかな、なんて考えていた時、フッと気づいた。

「ああ、北枕だ」

今まで気づかなかったが、北枕で寝ていた。家具を配置すると、部屋の構造上、自然と布団は南北に敷くことになった。大きめの本棚が一つあり、寝ている時に、地震で本棚が倒れてきたら嫌だ。特に頭の上に倒れたら、打ち所が悪くて死んでしまうかもしれない。足元ならば、万一倒れても大丈夫じゃないか。怪我をすることがあっても、命は無事だろう。そう考えて何気なく枕を置いた。よくよく考えてみると、北枕になっていた。

北枕は縁起が悪いとよく言われますね。それはなぜかというと、死者を北枕で寝かせるからなんです。その昔、お釈迦《しゃか》様は頭を北に向けて亡くなった。それに合わせたのでしょう。人が死んだ時は必ず北枕にします。

我々芸人、講談師は縁起を担ぎます。着物を着る時、足元は足袋《たび》を履きます。足袋を履く時は必ず左足から履くと決まっています。これはなぜかというと、亡くなった方に死装束を着せる時、足袋を右足から履かせると決まっているんです。右足から履くと死者と一緒だから縁起が悪い。だから、左足から履く。

私が講談師になったばかりの若手の頃、先輩の着替えを後輩が手伝うのですが、講談師は足袋を左足から履くなんてことを知りませんからね。何も考えずに、先輩に右足の足袋を渡しまして、そこで注意されました。

「講談師は足袋を左足から履くんだよ」

と優しく教えて下さいました。験《げん》を担ぐとか、縁起がいい、悪いというのは、やはりあるんですね。

カナさん、北枕だと気がついた。でも今更、家具の配置を変えるのは大変だ。それに枕を南側にするのもためらわれる。本棚が地震で倒れてきたら怖い。先日も震度三の地震があって、本棚から本が落ちてきた。もっと大きな地震なら本棚も倒れるんじゃないか。倒れた先に頭があったら死んでしまうかもしれない。そう思った。困ったなあと思いながらも、そのまま北枕で寝続けた。すると、やはり眠りが浅いのか、夜中にハッと眼を覚ます。嫌な夢を見る。

近頃、夢の内容がようやくわかってきた。いつも同じ場面で目を覚ます。誰だか知らない中年男性、顔の表情が真っ暗でよくわからない。その男が左肩をグッと掴んで、グイグイ揺すってくる。口から焦げ臭いにおいを発しながら、小声で「おい、起きろ。起きろ」と言う。

ハッと目を覚ますカナさん。枕元の時計を見ると夜中だ。嫌な夢だなあ。全身にジトッと汗をかいている。再び、寝ようとするが左肩が火傷《やけど》をしたようにヒリヒリ痛い。眠れないまま朝が来る。睡眠不足。体の疲れが取れない。

秋になった。目覚めた瞬間ふと思い立った。

「今日は気晴らしに紅葉《もみじ》刈りに行こう」

電車に乗って一人で出掛けた。久しぶりに軽くハイキング。あちこち歩いて疲れたが、

綺麗な景色で心が晴れた。スーパー銭湯で汗を流し、ゆっくり食事をして、

「さて、家に帰ろう」

と電車に乗ったのが午後九時半。電車の中は空いている。一両に七、八人が乗っているだけ。ロングシートの端、ドアの側に座った。ガタンガタンと電車に揺られているうちに、昼間歩いた疲れが出たのか、グーッと眠った。

いきなり左肩をガッと掴まれた。焦げ臭いにおいがして、

「おい、起きろ。起きろ」

肩を揺すってくる。手の感触、息遣い、声。あの男だ。夢の中でいつも起こしに来る中年男性だ。カナさんは、

「起きたらアカン。ここで起きたらアカン」

直感的にそう思った。そのままギュッと目を閉じて、ジッとしている。肩から手が離れ、やがて男の声も聞こえなくなった。ソーッと目を開けた。その瞬間、バチッと音がして、電車の電気が消えて真っ暗になった。

ガタンガタン、ガタンガタン、ガタンガタン。電車は走っている。どれぐらいの時間が経ったのか。いきなり電気がついた。少ない乗客が先程と変わらぬ様子で、それぞれ座っている。カナさん、肩がヒリヒリ痛い。

そこでね、私はカナさんに聞いたんですよ。

「その中年男性、ひょっとしてとても親切な人で、駅に着いたから、カナさんを起こしてくれたんじゃないですか？」

と言うと、カナさんは大きく首を振って、

「そんなんじゃないです。私が降りる駅はまだまだ先。あの時、目を開けていたら、私は真っ暗な電車の中で、降りることもできず、どこか遠い所へ連れていかれる——。そんな気がしたんです」


やがて駅に着いて、電車から降り、住んでいるアパートへ帰る。アパートの近くまで来ると、パトカーや消防車、大勢の人が集まっていて焦げ臭い。カナさんのアパートが火事になっていた。もう鎮火した後で、辺り一帯が真っ黒になっている。

翌日のニュースで、焼け跡から中年男性の遺体が発見されたことを知った。

カナさん、それからしばらくホテルに住みながら、新しい部屋を探した。それ以来、北枕では絶対寝ないようにしているそうだ。

鶯

四十過ぎの男性、ケンジ。ケンジが小学生の頃のお話。

田舎の小学校で、一学年一クラス。クラス替えもない。桜咲く季節、学校の裏山で盛んに鳴いている鶯《うぐいす》。開けっ放しの窓から、教室に美しい鳴き声が届く。その声を聞いて、クラス全員がマリコを見る。マリコは長い髪の毛をかき上げてから、右手の小指を口にくわえ、器用に音を出した。

「ホーホケキョ、ケキョケキョケキョ」

得意の鳴き真似。

「似てるー」

笑い声溢《あふ》れる教室。

そんなマリコが亡くなったのは、六年生の春。親の車にはねられて即死。事故だという。

親が小学生の我が子をはねる。そんな馬鹿なことがあっていいのか。

クラス全員でマリコのお葬式に行った。お坊さんのお経を聞きながら、涙が止まらなかった。

ケンジはマリコのことが好きだった。マリコと歩いたあぜ道。二人で漕いだブランコ。マリコの書く丸文字。薄いカルピスが好きだったマリコ。

お線香の匂い。お経が響く中、ケンジは気を失って倒れた。

気がついたときには、病院のベッドで寝ていた。顔と頭が痛い。顔から床に倒れて、おでこを擦りむき、頭はズキズキと脈打つ度に、痛むのだった。手で頭を触ってみると、包帯が巻かれていた。

マリコが亡くなって一週間後、ケンジは包帯を取った。鏡で自分の顔を見る。左目の周りに痣《あざ》、おでこにかさぶたができていた。そういえば、マリコがこんな痣を作って登校したことがあった。

「こけちゃって」

マリコは笑ってそう言っていた。

月曜日。ケンジは学校が終わると、家まで三十分の道のりを歩いて帰る。家に帰ってから気がついた。近々、リコーダーの発表会がある。練習をしないといけないのに、リコーダーを持って帰るのを忘れていた。自転車に乗って学校へ。生徒はみんな帰ってしまって、シーンと静まり返っている学校。電気も消えていて、いつもの学校がどういうわけか知らない建物のように見えた。

階段を上って六年生の教室へ向かう。階段を駆け上がる音が反響して、いつも以上に大きく聞こえる。タンー、タンー、タンー。ケンジはわざと大きな音を出して、駆け上がった。ガラッと教室の扉を開けて、ケンジはエッと思った。誰もいない教室だと思っていたら、ポツンと誰かが座っている。マリコだ。

「びっくりしたー。なんやマリコか」

声に出して違和感を覚えた。マリコのお葬式に行ったじゃないか。マリコはもうこの世にはいない。マリコの席には花が置かれていて、誰も座っていない。

どうしてマリコがいるように見えたのか。

他の生徒の机には椅子が入っている。マリコの机だけ、誰かが座っているかのように、椅子が後ろに引かれている。

急に頭がズキズキと痛くなった。おでこのかさぶたが痒《かゆ》くなったので、ボリボリと搔く。爪が伸びていて、かさぶたがめくれた。血がダラダラッと出る。

「リコーダー、忘れてん」

そこにいるであろうマリコに向かって、わざと明るく言うと、教室の後ろにあるロッカーからリコーダーを取った。そのまま走って教室から出た。ケンジは階段を一段飛ばしで下りていく。タンー、タンー、タンー。階段を下りる音が反響する。この時、

「ホーホケキョ、ケキョケキョケキョ」

鶯の鳴き声が聞こえた。裏山から聞こえてきたのか、マリコの鳴き真似なのかわからない。ケンジの頭の中で、階段を駆け下りる音と鶯の鳴き声、二つの音が奇妙に混ざりあって、音が歪んで、こだまのように響いている。

タンー、タンー、ホーホケキョ、ケキョケキョ、タンー、タンー、ホーホケキョ、ケキョケキョ、タスケテー、イタイヨー、クルシイヨー、コロサナイデー。

ケンジは足を踏み外し、階段を転げ落ちた。気づいた時には、一階の廊下で倒れていた。鶯の鳴き声は聞こえない。シーンとした校内。ゆっくり座り直した。廊下に血がついている。鼻血が出ていた。頭が締め付けられるように痛い。体のあちこちが腫れている。骨は折れていないようだ。なぜだかわからないが、口の中で薄いカルピスの味がした。

「マリコ」

ケンジは静かに泣いた。


それから三十年近く経った現在、ケンジは今でも疑っている。マリコは本当に事故で亡くなったのか。あの時、階段で聞いたのは、マリコの断末魔だったんじゃないか――。

鷲羽大介

黒い行列

コウイチさんが中学生のころ、四〇年ほど前の話である。

当時、コウイチさんの家族は五階建て市営住宅の四階に住んでいた。六畳の和室がふたつと四畳半がひとつ、それに台所がある家で、そこにお母さんとコウイチさん、三つ歳下の妹の三人で暮らしていた。四畳半の和室に置かれた小さな仏壇には、その七年前に病気で亡くなったお父さんの遺影が飾られていた。

二人の子どもを女手ひとつで育てていたお母さんは、かつてお父さんが生きていた頃は、姑、すなわちコウイチさんの祖母とは折り合いが悪かったが、お父さんが亡くなってからは嘘のように仲が良くなったという。

「普通なら縁が切れそうなものですけどね。父が生きていた頃は実家で同居していたのが、父の死をきっかけに世帯を分けて別々に暮らすようになったのが、よかったのかもしれません」

コウイチさんはそう話すと、しばし黙って目を閉じていた。

「祖母のことは、大好きでした。私にはとても優しくて、会うたびに豪華なケーキを食べさせてくれましたし。あの頃は、本格的なケーキなんてなかなか口にできませんでしたよね。母はどちらかといえばしゃきっとした感じの、さっぱりした男性的な人でしたが、祖母は小柄でふわっとした、かわいいおばあちゃんだったと思います」

そう語るコウイチさんの目には、うっすらと涙がたまっている。

「祖母にしてみれば、私と妹は息子の忘れ形見ですから、とても可愛がってくれました。それが、あんなことになるなんて」

中学生だった夏の夜、コウイチさんはびっしょりと汗をかいて目を覚ました。午前一時だった。何か嫌な夢を見たような気がするが思い出せない。どんよりとした気分のまま、水を飲みに台所へ行った。台所はベランダに面していて、ガラス戸は開けられているがカーテンは閉めてある。外の空気を吸いたくなったコウイチさんは、カーテンを開けてガラス戸の外に顔を出してみた。

ちょうど四階の窓と同じ高さに、ぼんやりと光るものが飛んでいる。

小さな人たちの行列のように見えた。なんだろうと思い目を凝らすと、普通の格好ではない。何やら派手な和服っぽい装いで、ゆっくりと浮かんでいる。

コウイチさんは気づいた。あれは七福神だ。

本で読んで覚えたばかりだった。大黒天《だいこくてん》、恵比寿《えびす》、福禄寿《ふくろくじゅ》、寿老人《じゅろうじん》、弁財天《べんざいてん》、毘沙門天《びしゃもんてん》、布袋尊《ほていそん》。リアルな人間の形ではなかった。昔の絵に描かれた姿のまま、七福神が宙を舞っていたのである。

コウイチさんがそれに気づいたとき、七福神たちがこちらを見た。

「その瞬間、これは絶対に神様なんかじゃない、何か不吉なものだと確信しました」

七福神たちの見開かれた目は、七体とも真っ黒で、瞳も、白い部分も、まったくない。ぽっかりと虚《うつ》ろに開かれた空洞が、何もかも吸い込みそうな深い深い黒さをたたえていた。

コウイチさんはあわててカーテンを閉め、見なかったことにしようと決めた。さっきまで汗ばんでいた身体が、いつの間にか冷え切っていたという。

「仕方ないので寝室に戻って、布団に横たわって震えていましたが、そのうちまた眠り込んでしまったようです。すると今度は夢を見ました」

夢の中で、コウイチさんは自宅の仏壇の前にいた。仏壇にはお父さんの遺影が飾ってあるが、それがストロボのように、瞬間的にぱっ、ぱっ、と点滅して見える。

一瞬だけ別の人の写真に変わっているように見えたが、誰が写っているのかわからない。

コウイチさんが目を凝らしていると、写真が変わっている時間が少しずつ長くなり、誰が写っているのかわかるようになった。

祖母だった。

コウイチさんの祖母が、凄まじい怒りの形相を浮かべている写真だった。

「祖母のそんな顔は、見たこともありませんでした。いつも柔和な人でしたから。もしかすると、母なら祖母の怒った顔を見たことがあるのかもしれませんけどね。父が生きていたころは、折り合いが悪かったですから」

そう語るコウイチさんの声には、はっきりと嗚咽《おえつ》が混じり始めている。

「父の遺影が完全に祖母の顔に変わったところで、目が覚めました」

午前七時だった。すでに起きていたお母さんが、大きな声を上げて泣いている。妹も、パジャマ姿のまま大きな声で泣いていた。

ああ、おばあちゃんが死んだんだな、とコウイチさんにはすぐわかった。

あとで聞いたところでは、早朝に散歩をしていた祖母は、居眠り運転のタクシーにはねられ、即死だったそうだ。頭が割れて脳が飛び散り、ひどい有様だったという。

コウイチさんは、今もその市営住宅で、お母さんと一緒に暮らしている(妹さんは早くに嫁いでいった）。私を招き入れてくれたその部屋の仏壇には、お父さんの写真と並べて、おばあちゃんの写真が飾られていた。実に柔和な表情である。

あの七福神を見たのはそのときだけで、その後二度と現れることはなかったという。

「でも、最近は母の体調がよくないので、またあれが現れそうな気がして……」

コウイチさんは絞り出すようにそう言うと、手で顔を覆って号泣し始めた。

何と声をかければいいか、私にはわからず、仏壇の写真を眺めていた。なんの変哲もない、ごく普通のおばあちゃんの写真だった。

隣の部屋で、お母さんの咳《せ》き込む声が聞こえた。

ひとの怪談を聞いていて、早く帰りたいとこれほど思ったことはなかった。

黒いお守り

「もう三〇年も会ってない人の話だから、細かいところは間違ってるかもしれないけど、いいですか」

　そう言って、ミツハルさんは語り始めた。

　三〇年ほど前、まだ大学生だったミツハルさんには、マサヒコさんという友達がいた。いつも素寒貧《すかんぴん》で腹を空《す》かせていて、俺の顔を見る度に飯をたかろうとする、女の顔を見ればすぐによだれを垂らす、痩せっぽちのクソ野郎でしたよ、とミツハルさんはでっぷりとした腹を揺すって笑う。

「でも、どこか憎めない野郎でした。何か食わせてくれ、とねだる顔に、なんとも言えない愛嬌があって。しょっちゅう違う女を連れて歩いてましたし、不思議とモテる男でした。ああいうのが、母性本能をくすぐるタイプっていうやつなんでしょうかね」

　マサヒコさんがいつもお金がなかったのは、ギャンブルのせいだった。なけなしのバイト代を、パチスロ、麻雀、競馬などにつぎ込み、負けてばかりいるのだった。

ミツハルさんもたまに付き合って競馬場に行くことはあったが、マサヒコさんの賭け方は明らかに度が過ぎていたという。

「俺は名前を聞いたことのある有名な馬を選んで何百円か買うだけでしたけど、マサヒコはいつも大穴ばかり狙っていました。あいつの馬券が当たったの、見たことないですよ。いつもオケラになって、帰りの電車賃まで俺にたかってばかりでした」

そう語るミツハルさんはなぜか笑顔で、楽しい思い出を語っているような表情である。

「それがね、あの時から急に当たるようになったんです」

あの時、というのは、夏の夜に肝試しをした時のことだそうだ。

「当時、俺が住んでいたアパートの近くに、心霊スポットで有名な廃屋があったんですよ。築百年はくだらない古民家で、住民が皆殺しにされただの、一家心中しただのと色々な噂が流れてました。実際は、ひとりで住んでた婆さんが死んで、誰もいなくなって放置されてただけなんですけどね。俺はそのことも知ってたし、霊なんて信じてないから興味もなかったんですけど、その頃マサヒコが付き合ってた女がそういうの好きで、三人で探索に行ったんですよ。マサヒコの女はブスばっかりだったけど、あの娘だけはいい女だったなあ。羨ましくてねえ。俺はモテないボンクラ学生でしたからね」

廃屋には、鍵はかかっていなかったが、中はそれほど荒らされていなかったという。ガラスの割れた玄関から靴を履いたまま上がり込み、懐中電灯をつけて中を進んでいく。マサヒコさんと彼女が手をつないで先を歩き、後からミツハルさんが続く。目の前でいちゃつく二人を見ていると、ミツハルさんはだんだん腹が立ってきたという。

「それでね、意地悪をしたくなったんですよ」

そう言うと、ミツハルさんは下を向いてくすくすと笑った。


廃屋の中には、かつての住人が残したものがまだたくさんあった。古ぼけた火鉢、脚の折れたちゃぶ台、引き出しが壊れた箪笥《たんす》、そして、この廃屋で最も気味の悪いものを、まずマサヒコさんの彼女が見つけた。

「割れたガラスケースが転がってて、その中に薄汚れた市松人形が入ってたんですよ。それを見つけたときは、さすがに女が悲鳴を上げました。マサヒコも女の手前、怖くないフリをしてましたけど、明らかにビビってるんですよ。だからね、俺はその人形の髪の毛を三本ほど引っこ抜いて、これをお守りにしようぜ、きっと博打運《ばくち》がつくぞ、と言ってやったんですよ。ほら、縁起の悪そうなものを身につけると、そこに悪いものがあつまって、逆に魔除けになるっていうじゃないですか。どっかでそんな話を聞いたことがあったような気がしたんで、そんなことを思いついちゃったんです」

マサヒコさんは、彼女が見ている前で格好をつけたかったのか「おう、これは幸運のアイテムになりそうだな」と軽口を叩きながら、その髪の毛を財布に突っ込んだそうだ。

そうしてその日はそれぞれ帰ったのだが、異変が起こったのは次の日だった。

「たしかね、その翌日にマサヒコのバイト代が入ったんですよ。何のバイトだったかな、それは忘れたんだけど、とにかくなけなしのバイト代を握りしめて、マサヒコは雀荘に行ったんです。その日もいつものように、知らない人たちと卓を囲んでいたそうなんですが、東一局でいきなり九蓮宝燈《チューレンポウトウ》を上がったって言うんですよ」

上がると一生分の運を使い果たして死ぬ、と言われる役満である。

ツキにツキまくって大勝したその日から一週間、マサヒコさんは勝ちまくった。パチンコに行けば大連チャンを引き当て、競馬に行けば万馬券を当てる。ミツハルさんが思いつきで言ったデタラメが、本当になってしまったのだ。

「でも一週間でパタッと勝てなくなったそうです。それから、マサヒコはジンクスの虜《とりこ》になりました。縁起の悪いもの、呪われていそうなものを身につけると勝つ、と言うんですよ」

マサヒコさんがどこからか持ってきた、幸運のアイテムを、ミツハルさんはじっくりと思い出しながら教えてくれた。

新聞の死亡広告の切り抜き二〇枚。

お参りする人がなく放置されたお墓から拾ってきた、朽ち果てた卒塔婆《そとば》のかけら。

知人の解体工場から盗んできたという、死亡事故を起こしたバイクのミラー。

「そういう薄気味悪いものを持ってきては、俺に見せるんですよ。昼間っから酔っ払ったようなな目をして、いつもボロボロの服を着てね。勝ってるならもう少しマシな服を買ったらどうだ、と言ったんですけど、服になんか金を使ってられねえ、と言うんですよ」

マサヒコさんは、ここしばらくの博打で勝った金を種銭《たねせん》にして、大きな勝負に挑むつもりだ、と言い出した。

「ヤクザがやってる高レートの裏雀荘で勝負すると言うんですよ。そんなトコに出入りしてるとロクなことにならないからやめておけ、と言ったんですけど、もう俺の言うことなんか耳に入らないみたいでした。そしてあいつが、今度はこれを身につけて勝つ、と言って見せてきたのが……」

まだ切り口の新しい生々しい黒猫の耳を四つ、安全ピンに通したものだったという。

ミツハルさんがマサヒコさんに会ったのは、それが最後だった。

マサヒコさんが、マンションの一室を改装した裏雀荘で賭け麻雀を打っていると、誰かが密告したらしく、その雀荘は警察の手入れを受け、現行犯で全員逮捕されてしまった。マサヒコさんも罰金刑を受けることになったという。大学も退学になり、親に連れ戻されて遠くの実家に帰っていったそうだ。

「マサヒコが今どうしているのか、まったく知りません。生きてるかどうかもね。でも、あの勝負はマサヒコの勝ちだったと思うんですよ」

ヤクザの裏雀荘が摘発されたとき、たまたまそこの組長もいて、賭博場開帳罪で逮捕された。実は警察にとってそれは別件逮捕で、そこから違法薬物の密売や銃刀法違反、抗争の指揮など他の犯罪がいくつも暴かれていき、組長には長い懲役が課され、組は解散することになったのだという。

「ヤクザの賭場に行って、組を潰しちゃったわけですからね。これは大勝もいいところでしょう。黒猫の耳は、効果てきめんだったんですね」

そう言って、ミツハルさんは大きな声を上げて笑った。

私はその笑い声を聞きながら、ふと思った。

裏雀荘のことを警察に密告したのは誰だったのだろう。

黒い髪のお父さん

小さな貸し会議室で、白いテーブルを挟んで私とサユリさんは向かい合っていた。話はまず、今から四〇年ほど前、サユリさんが高校生のころにさかのぼった。

サユリさんが、親友のヒロエさんの家を訪ねると、ヒロエさんは書店に魔夜峰央《まやみねお》のコミック『パタリロ!』の新刊を買いに行って、まだ帰ってきていなかった。携帯電話のなかった時代のことである。

「こんにちは、ヒロエちゃんの友だちのサユリといいます」

玄関先で挨拶したサユリさんを迎え入れてくれたのは、その日初めて会った、ヒロエさんのお父さんだった。ふさふさした長い黒髪にふんわりとウェーブをかけた、学者のようなヘアスタイルで、欧米人のように彫りが深く、がっちりとした印象の男性だった。うりざね顔で目の細い、純和風な印象のヒロエさんには全然似ていないと思った。

「君がサユリちゃんか、ヒロエからよく話は聞いてるよ。もうすぐ帰ってくるだろうから、上がってお茶でも飲みなさい」

サユリさんをリビングに通すと、お父さんは紅茶を淹れてくれた。ティーバッグではなく、ティーポットに茶葉を入れ、熱湯を注いでしばし蒸らすという本式の紅茶だった。

「ああいう本格的な紅茶は、初めて飲みました。おいしかったですねえ。香りが全然違うんですよ」

そう言って、サユリさんは四〇年前に思いを馳せるように窓の外を見ると、私が淹れたインスタントのアップルティーの紙コップをテーブルに置いた。


サユリさんが紅茶を飲み終えると、ヒロエさんが書店から帰ってきて、ふたりでヒロエさんの部屋へ行き、『パタリロ！』の新刊を一緒に読んで大笑いしたという。

「ヒロエのお父さんに会ったのは、その時一度だけでした。お父さん素敵だねって言ったら、得意げにしてましたね」

それから五年後のことである。

サユリさんもヒロエさんも、高校を卒業して就職した。サユリさんは近くの自動車販売店で事務員、ヒロエさんは専門学校を経て近くの病院で医療事務の仕事をしていた。どちらもまだ独身で、月に一度は一緒に遊びに行っていたという。

秋のある日、ふたりで車に乗って紅葉を見に行こうと約束していた、その前の晩のことである。サユリさんの家に、ヒロエさんが涙声で電話をかけてきた。

「ごめん、明日は行けなくなった。実はね、お父さんが死んだの。今朝、急に心臓が止まって……。これからお通夜だから、また連絡するね」

サユリさんは驚き、紅茶を淹れてくれたあの素敵なお父さんのことを思い出して、涙が溢れた。急いで喪服に着替えると、お香典《こうでん》を持ってヒロエさんの家に向かう。

玄関には「忌中《きちゅう》」と書かれた提灯《ちょうちん》と白黒の鯨幕《くじらまく》がかけられ、親戚らしき中高年の人たちが集まっていた。挨拶をしてサユリさんが家に入ると、憔悴《しょうすい》した様子のヒロエさんが、

「わざわざ来てくれたのね、ありがとう」とサユリさんの手を握って泣いた。

お父さんの寝室だったという和室には、小さな祭壇がしつらえられ、白木のお棺が安置されていた。ヒロエさんは「お父さん、私の友だちのサユリがお線香あげに来てくれたよ。一回会ったことあるよね。お父さんのためにわざわざ来てくれたんだよ」と言ってまた泣いた。

祭壇には、当然だがお父さんの遺影があった。それを見てサユリさんは目を疑ったという。

「まったく別人だったんです。面長で目が細くて、ヒロエにそっくりでした。髪の毛も半分ぐらい白くなってて……。いや、髪の毛は白くなることもあるし、痩せて人相が変わる

こともあるでしょうけど、そういうレベルじゃないんですよ。鼻の形も口の形も、頭蓋骨の形からしてまったく違う。明らかに他人だったんです」

驚いたが、まさか泣いているヒロエさんに「お父さんってこの人だっけ?」とは言えない。ヒロエさんの両親が離婚して新しいお父さんが来た、なんて話も聞いたことはない。狐《きつね》につままれたような気持ちで、サユリさんはお線香をあげて帰ったという。

「結局、お父さんのことはわからずじまいでした。お父さんって前は違う人だったよね、なんて言えるわけもありませんし。それから間もなく、私もヒロエも結婚して家庭に入ったので、一緒に遊ぶこともなくなり、今はたまにメールのやり取りをするぐらいです」

サユリさんのカップが空になったので、私はアップルティーの顆粒《かりゅう》スティックをもう一本開けて、お茶のおかわりをすすめた。

新しく淹れた熱い紅茶を飲みながら、サユリさんは、あの時会った「お父さん」のことを、どうしても思い出さずにはいられない、大きな理由があることを教えてくれた。

三三歳になる長男は、サユリさんにも夫にもまったく似ておらず、あの時一度だけ会った「お父さん」にそっくりなのだという。

黒いガラケー

友人のユイさんの身に、一五年ほど前に起こった話だと、ミカさんが話してくれた。

ユイさんが自宅で海外ドラマのＤＶＤを見ていると、くぐもったような音でケータイがピロリンと鳴った。

テーブルの上に置いてあった、シルバーのガラケーを見ると、何も着信していない。

おかしいな、と思ってケータイを見ていると、また音がした。今、手に持っているものではない。戸棚に押し込んである、一ヶ月前に機種変した、前のケータイが鳴っているのだ。

その黒いガラケーを、恐る恐る取り出してみると、電波が入らないどころかとっくに充電が切れていて、電源も入らない。

首筋を氷で撫でられるような悪寒がすると同時に、ユイさんがケータイを機種変してすぐ、未練がましくメールを送ってくる元カレを、着信拒否したことを思い出したという。

すると、液晶画面が真っ黒なまま、ケータイがまた鳴った。ユイさんは悲鳴を上げて、そのケータイをベランダから外に投げ捨てた。

「そんなことってあると思う？　怖いんだけど」

その夜、逃げるようにミカさんの家を訪れたユイさんは、そう言って震えていたそうだ。

ふたりでビールを飲みながら、ユイさんが眠るまで手を握っていた夜のことを、今でも忘れられないんです、とミカさんは言う。

ユイさんが亡くなったのは、それから間もなくのことだ。

仕事から帰ってきたところを、待ち伏せしていた元カレに刺されたのだという。

ユイさんを刺し、部屋に上がり込んで首をくくったその男は、浮気心を起こしてこっそりミカさんに言い寄ったものの、ふられた上にユイさんに告げ口され、それで捨てられたので、ふたりのことを深く恨んでいたのだそうだ。

それから一五年経つが、ミカさんは今でも当時のケータイを大事に保管しているという。

「捨てる気になれないんですよね、ユイとやりとりしたメールが残っていますから」

そう言ってミカさんは、とっくに電池の寿命が切れて電源も入らなくなっている、ふたつ折りタイプの、ユイさんとお揃いだったという黒いガラケーを見せてくれた。

今にも、ピロリンとメール着信音が鳴りそうな気がした。

黒い魔獣

シンゴさんの身長は一八二センチ、体重は九五キロある。柔道三段、空手三段、ブラジリアン柔術紫帯、ボクシングの心得もあるという格闘技の猛者《もさ》だ。全身筋骨隆々、首は頭周りより太く、耳は見事なカリフラワー状になっており、顔は真四角で異様なほど彫りが深く、目が大きい。言っては悪いが「怪物」という表現がぴったりくるタイプの人だ。

今年三六歳になるが、若い頃はプロレスやプロ格闘技から何度もスカウトされたという。だが、シンゴさんはスポーツに関しては純粋なアマチュアリズムの信奉者であり、興行の世界には胡散臭《うさんくさ》さを感じていたのでプロになることはなく、不動産の仕事をしながらひたすら身体を鍛えてきたそうだ。私も柔道では黒帯を持っており、腕に覚えがないといったら嘘になるが、シンゴさんに比べたらライオンとポメラニアンだ。

そんなシンゴさんが、一度だけ手も足も出ず負けたことがある、という話をしてくれた。

そらあ僕だってね、試合で負けたことないわけじゃないですよ。別に柔道でも空手でも全国優勝とかしたわけじゃないし。でも、何でもありの、昔でいうヴァーリ・トゥードというか、最近じゃMMAというんですか、総合格闘技ってやつ。まあ、要するにストリートファイトですよね。そういうのだったら、たいていのやつには負けない自信がありますよ。そらあね、プロの第一線でバリバリにやってるやつらにも勝てる、なんて言うつもりはないけど、まさか自分がね、路上で遅れをとるなんて思ってもみませんでした。

シンゴさんはすっかり酔っ払って呂律《ろれつ》の怪しくなった口で、バーボンのダブルをぐびぐびと飲みながらそう話す。

去年の夏です。その時も飲んでたけど、こんなに酔っ払ってはいませんでしたよ。ほろ酔いってやつです、ほろ酔い。いい気分で終電から降りて、家に帰ろうとしたんですが、家のすぐ近くの、周りに誰もいないところまで来たら、いきなり後ろからぶつかられたんですよ。僕が二メートルぐらい吹っ飛ぶんだから、どれだけすごいかわかるでしょう。てっきり、音のしないハイブリッド車か何かにはねられたのかと思いましたよ。とにかく受け身を取って、立ち上がって見たら、暗くてよく見えないけど、何か黒いかたまりがいたんですよ。大きさとしては、四つん這いになった熊みたいな感じだけど、手や足や顔の形が全然見えなくて、ただの黒くてぼてっとしたかたまりにしか見えませんでしたね。とにかくそいつがまた突撃してきたんです。熊なんかこんな街中にいるわけないんだけど、目の前にいるんだからしょうがない。とにかくしっかり立って、顔面がありそうなところに前蹴りを入れようとしたんです。

でも当たりませんでした。ふわふわした感触だけがあって、まるで羽毛のかたまりみたいなんです。そいつが、僕の身体にぶつかると急に固い感触になって、軸脚にタックルをしてきたんですよ。そらぁ物凄い力でした。まったく抵抗できずに倒されて、上にのしかかられてね。あんな重いやつは初めてでしたよ。二〇〇キロ以上はある感じです。それに臭かったですね。獣のにおいじゃなく、腐った豆腐みたいな酸っぱいにおい。吐きそうになりながらね、とにかく顔を守ろうと思って、腕で顔面をガードしたんだけど、そしたら毛のかたまりが伸びてきて、僕の腕を首に押し付けて、ぐいっと絞めてきたんです。柔道の肩固めですよ、柔術でいうアームトライアングルチョーク。物凄い力でね、なんでこんな毛のかたまりみたいなやつがこんな技を使うんだ、なんて思う間もなく落とされましたよ。

失神したシンゴさんが目を覚ました時はもう朝で、路上で仰向けのまま、誰にも発見されず放置されていたのだという。

絞め落とされた時に失禁したらしく、ズボンが濡れていたというところまで話すと、シンゴさんは電池が切れたように、椅子にもたれて眠り始めてしまった。
この巨漢をどうやって連れて帰ればいいのか、私は途方に暮れていた。

りつきい

天使を見た場所

先日、友人のHから聞いた話である。

Hは長野県在住なのだが、昨今のウイルス騒動が起こる以前は、よく東京へ遊びに行っていたそうだ。

観光目的だったり買い物目的だったりと様々な理由があったのだが、主に一人だし、それも頻繁に出掛けるということで、費用を節約するために高速バスを好んで利用していた。

そんなある日の朝、東京へ向かうためいつものように高速バスに乗り込むと、その日は比較的乗客が少なかった。

Hが乗る停留所は始発点よりだいぶ後なので、大概すでに座席は埋まっているのだ。

空いている二人掛け座席の窓際に腰を落ち着けると、自分が乗り込んだ時点でこの少なさならば、今日はゆっくりできるな、とHは思った。

案の定、その後の停留所でも一人や二人しか乗ってこず、バスはそのまま高速道路に入った。しかし一つだけ不満な点があった。

それは自分の隣、通路側の席に男性の乗客が座ったことだ。

利用したことがある人ならばお分かりだろうが、普通、高速バスは利用日の前に席をネットなどで予約する。Hも一週間ほど前から予約していた。

どの席が空いているかは予約の時点で分かるはずだ。ならば、たとえギリギリで申し込んだとしても、今日のこのバスには空いている座席がたくさんあったはずだ。

今、車内を見渡してもそれは明らかである。

ならば何故、わざわざ既に座っている席の隣を指定して乗車してくるのだろうか？

もっと空いた席で広々と乗ればいいのに。

Hは文字通り、肩身の狭い思いをしながら、小さくため息をついた。

バスが双葉ＳＡへ停車しトイレ休憩になった途端、Hは素早く降りて喫煙所へ向かった。

普段ならば休憩時間中も本を読んだりして降りることはないのだが、この日は隣の男性のせいでちっともリラックスできない。

苛々《いらいら》とともにタバコの煙を吐き出し、頭がスッキリしたところでバスへ戻ると、隣の席の男性からあろうことか話しかけられてしまった。

「もしかしてHくん？」

突然名前を言い当てられ面食《めんく》らっていると、なんとその男性は、小学校の同級生Dの兄だったのだ。

Dとは今でこそさほど仲良くはないが、小学生の頃は登下校の道が一緒だったこともあり、よく遊んでいた。兄がいることも知っていたが三つか四つほど年上で、当時は既に中学生になっていたので殆ど面識もなかった。

隣に座るDの兄の顔を、Hは初めてはっきりと見た。ふっくらとした輪郭の中に、開いているのかわからないほどの細い目が特徴的な、一見すると気のよさそうな印象の顔だった。

知り合いとなると、隣に人が座っているのもさほど苦ではなくなった。

二人は地元の話で盛り上がり、やがて、Hの小学生当時に流行《はや》っていた「怪談話」に話題が移っていった。Hもその類の話は好きなので、Dの兄に「何かそういう体験ってありますか?」と聞いてみた。

するとDの兄は少し考え込み、「怖いというか、神秘的な体験ならある」と言った。

「○○という場所で、天使を見たことがある」

そう言って話が始まった。

それは女性の姿で、羽が生えている。笑顔が眩しいなと思ったら本当に後光が差していた。僕が話しかけても返事はしてくれないが、ニコリと微笑みだけを返してくれる。それが自分に向けられたものだと知ると嬉しくなる。しかし数分経つと天使は消えてしまう。違う日に再びその場所に行くと、天使は再び現れる。

——Dの兄はこの話を、熱心に繰り返す。

Hは何かおかしいと感じたが、話しているDの兄の目が恐ろしすぎて、話を遮ることができなかった。糸目であるはずの目が異常に開いてギラギラしていたという。

結局、バスが新宿に到着するまでDの兄は話し続け、Hはただひたすら相槌を打ち続けた。降りる際、「また何処かで」と言われたのがとても印象に残っていたという。

もちろん東京観光など楽しめるはずもなく、Hの頭の中は天使の話で一杯だったそうだ。

その後、数週間経ち、Dとは違う地元の友達と電話をしていた時のこと。

先日あったこの出来事を唐突に思い出し、Hはその友達に話した。

「……ってことがあってさ、マジで怖かったわ。Dの兄貴って何か変わった人だよな?」

そう問いかけるも、電話口の友達は何も返事をしない。どうしたのかと尋ねると、その友達は重い声で言った。

「Dの兄貴って、数年前に交通事故で死んでるぞ」

「え？」

丁度その時期、Hは地元から離れて暮らしていたので、そういった情報には疎《うと》かった。

なので、この時に初めてDの兄の死を知ったそうだ。

じゃあ、あの日会ったDの兄は何だったのか？　Hは混乱し、急に冷水を浴びたように鳥肌が立った。

事故の場所は何処《どこ》なのかとHが聞くと、友達が震えた声で返事をする。

「だから怖《こえ》ぇんだよその話。Dの兄貴が亡くなった場所、○○ってとこなんだよ」

それは、Dの兄が「天使を見た」と言っていた地名だった。


Hは、未だこの体験が何だったのか、全く意味が分からないという。

Dの兄が幽霊だったとして、何故自分の元に現れたのか、天使の話はなんだったのか。

何もかもが意味不明だそうだ。


この話をHから聞いた後、○○という場所について軽く調べてはみたが、心霊スポットだとかそういった怪しげな情報は何もなかった。

その○○の地元の人に聞いても特に何か謂われのある土地でもないし、何の変哲もない山の中の田舎なのだそうだ。結局、何も分からず終いである。

ただ、この話を書いている時、妙に鳥肌が立って仕方がなかった。

この○○という場所、私の実家から非常に近い場所にある。

地元に帰る機会のある時、また調べてみようと思う。

冷やかし

後輩のYから聞いた話である。


Yが中学生の頃、初めての彼女が出来たそうだ。

同じクラスの可憐な女子で、今思い返しても人生屈指の大恋愛だったという。

Yは、彼女本人はもちろんだが、その友達とも仲が良く、学校の帰りに彼女の家にみんなで遊びに行くことが多かった。

その日の放課後も、Yと彼女、彼女の友人と三人で彼女の家に行った。両親が共働きで、兄弟姉妹もいないない彼女の家は、日中は誰もいないのである。

玄関を上がり、廊下の右手にあるリビングで三人はしばらく雑談をしていた。

ふいに尿意を覚えたYは、彼女の家だから言い出すのは恥ずかしかったのだが、逆らえないものは仕方がない。彼女にトイレを借りる旨を伝えて立ち上がった。

トイレは、玄関からまっすぐある廊下の突き当たりにある。リビングから廊下へ顔を出したYが何の気なしにトイレの方を向くと、トイレのドアにおかしな物が見えた。

ドアの上部、壁との隙間から、三本の指のようなものがダラリと垂れている。Yが思わず「えっ」と声を上げると、指のようなものはスルスルッと向こう側に引っ込んでしまった。瞬《まばた》きをしてもう一度よく見ても、ドアには何もない。虫か何かを見間違えたのかもと思い、恐る恐るトイレのドアを開けるが、中にもドアの裏側にも何もなかった。

気にはなったが、怖がってトイレに行けず彼女の家で漏らしてしまう方が悲惨だと思い、Yは手早く用を済ませた。

リビングに戻り、三人で再び談笑していると、気を遣った彼女の友人が「二階でいちゃついてきなよ」と言って、一人でテレビを見始めた。

Yと彼女はそれに甘えて二階の彼女の自室へ向かうと、ひとしきり甘い時間を送ったそうだ。なにせ中学生の時分であるので時間も忘れて過ごしていたそうだが、気がつけば外はすっかり暗くなっていた。

そろそろ帰宅しなければと、彼女と二人部屋から出て階段に向かった時、またおかしなものが見えた気がした。

彼女の自室のドアは上半分が磨りガラスになっており、中の様子がぼんやり見える。

「長いこと一人にしちゃって悪い」と彼女が友人の元へと慌てて階段を下りていく後ろを続こうとしたYは、一瞬、部屋の方へと振り返った。

すると、その磨りガラスの向こうで、誰かが手を振っていた。

もちろん、友人が「二人でいちゃついてこい」というくらいだから、部屋には二人しかいなかった。彼女も今はもう階段の下にいる。

反射的に目を逸らし、Yは何も見なかったことにしてそのまま階段を下りた。

リビングに入るとニヤニヤしている彼女の友人が冷やかしてきて、その調子に合わせていると怖さも次第に無くなっていく。

帰り支度をすると「お邪魔しました」と言いながら玄関で靴を履いた。顔を上げたその時、廊下の先にあるトイレのドアが薄く開いていることに気がついた。

開いたドアの上部から斜めに、女の顔が片目だけ出してこちらを覗いていた。

Yは素早く目を逸らしてそのまま振り返らず、彼女の家を後にした。


「どれも一瞬だけしか見えなかったんで、今では見間違いかとも思うんですけど……にしてははっきりと、同年代くらいの女の子だなって思ったんですよね」

Yはそう言いながら、思い出すように首を捻《ひね》っていた。

その後も彼女の家に行ったりはしたが特に何かがあったわけでもなく、彼女とは高校に進学する際、別々の高校になったら自然消滅してしまったそうだ。

彼女の家が事故物件だったということもなく、Y自身が同年代の女子に言い寄られての「生霊の仕業」みたいなこともなく、なんのオチもないんです、とはY本人の談である。

「うーん……何なんでしょうね。本当にただ単にそこにいただけのオバケで、僕らのことを冷やかしてたんですかねぇ」

Yはそう言って、また不思議そうに唸っていた。

度胸試し

私の弟が体験した話である。

弟が免許を取り立ての頃、後輩を無理やり連れて、ある心霊スポットへ行ったことがあるそうだ。

その場所の謂われは「車で通ると霊を見る」というもので如何《いかん》せん、しょぼい噂程度のものだったが、弟は「じゃあ確かめてやろう」と、後輩と二人で意気揚々と度胸試しに向かった。

住んでいる場所から少し離れた場所だったので、道中は夜のドライブを楽しみつつ、後輩とバカ話をしていた。

最初こそ怖がっていた後輩だったが、弟のふざけた空気に当てられたせいか次第に気が大きくなっていき、最後には「俺が証拠の動画を撮りますから！」と意気込んでいた。

やがて件《くだん》のスポットに到着すると、後輩が車を降り、弟が徐行で運転する車を後ろから追走してスマホで動画を撮るという流れになった。

動画を撮っている最中は霊の声などが入るかもしれないと、二人とも黙っていた。

しかし聞こえるのは車のエンジンとタイヤが地面を蹴る音くらいのもので、辺りはしんと静まり返っていたという。

数分走っても全く何も起こらない。幽霊のゆの字も無い。

飽きてきた後輩は「何も起こらんじゃないっすか！」と叫んで動画の撮影を止めた。

結局「ウソっぱちだった」ということで、行きよりもふざけつつ、その心霊スポットを散々バカにしながら帰路についた。

次の日予定があるという後輩を家まで送ると、そのまま弟も帰宅した。


翌日になって、後輩からもの凄い勢いで着信があった。彼は「ヤバイのが撮れたっぽい」と散々捲《まく》し立てるが、やばいやばいと連呼するだけで要領を得ない。弟は後輩に会って動画を確認してみることにした。

見せられた動画は、始まってもしばらくはなんとも無かった。怪しい顔などが映っていないかと目を凝《こ》らしたが特に何もない。

「どこがヤバイんだ」

そう後輩に訊くと、「中盤からがおかしい」と言う。

しばらく黙って見てみると——。

スマホの画面の左半分に弟の車、右半分に暗闇が映っている。

ゆるゆると走る車の後ろから撮っているのだ。二人とも黙っていたので、無音で代わり映えのない映像が続く。

しかし動画の映像が残り半分に差し掛かった時、突然スマホから「ボンッ」という音が響いた。

弟が怪訝そうな顔で後輩を見ると、後輩はスマホを指差し、続きを見ろと促す。

数秒の間隔で何回か、動画内で「ボンッ」と鈍い音が響いた。

「こんな音、現場ではしてなかったよな?」

弟が言うと、後輩は首を縦にぶんぶんと強く振る。

次第に「ボンッ」という音は大きく、また強くなっていき、そのうちに「ボンッボンッボンッボンッ」と、連続して聞こえるようになっていた。

やがて、爆音のようにその音だけが鳴り響く。スマホのスピーカーが音割れを起こしているのかと思うほどだ。

後輩が最後に叫んだ「何も起こらんじゃないっすか!」というセリフも、この爆音にかき消されて殆ど聞こえなかった。

しかし――。

「これ、車の車体が凹《へこ》む時の音に似てますよね」

後輩のセリフで弟の背筋が一気に凍りつき、慌てて自分の車のもとへ走った。

ボンネットや屋根の上で、何者かが飛び跳ねている映像が頭を過ぎったのだ。

しかし車体には凹んだ形跡も何もなかったうえ、怪談でよく聞く「手形」などもついているようなことはなかった。

弟いわく「そうはいっても、尋常じゃないくらいのうるさい！　ってレベルの音で、あんな音が入るなんて絶対ないはず」で、動画を再生するたび、その爆音も聞けたそうだ。

しかし、後輩は怖がってその日のうちに動画を消してしまい、もう二度と見られないのだという。

吹き溜まりの谷

地元の友人Kが体験した話である。

Kはその日、友人数人と遊びに出かけ、散々騒いで遊んできたそうだ。

田舎暮らしで車を持つと、より強い刺激を求めて都会の街まで出ていき、田舎では出来ない大騒ぎをする、というのが常であり、Kの周りでもそれが流行っていた。

夜になっての帰り道、後部座席の友人たちがすっかり疲れ切って寝てしまっている中、節約のためだとKは高速を使わずに夜の峠道を走っていた。

助手席に座っていたAはまだかろうじて起きており、携帯をいじくりながら欠伸《あくび》をしている。その様子を横目に見ていたKもついウトウトしてしまう。

このままじゃマズイな、どこかで車を停めて一服でもしよう。そう思っていると、ちょうど道の先に待避スペースが見えてきたのでそこへ車を寄せた。

車を停めると先に寝ていた友人たちも一斉に起き、外へ出てみんなで一服タイムと洒落《しゃれ》込んだ。

「スッゲェ静かだなぁ」

誰かがそう言ったのを聞き、Kがなんとなく時刻を確認すると二十三時を回っていた。夜の峠道、聞こえてくるのは自分が吸っている煙草の火がジリジリと燃える音のみ。確かに気味が悪いくらいに静かだった。

煙草のおかげで頭が明瞭になったこともあり、そろそろ行こうとKは煙草を投げ捨て踏みつける。

しかし、友人の一人であるB子が、ガードレールを掴んで崖の向こうに身を乗り出している。下を見たまま身動きをしないので、「どうしたのか」と声をかけたのだが、微動だにしなかった。

さっきまで後部座席で寝ていたから、まだ寝ぼけているんだろう。Kはそう思って、さっさと運転席へ戻り、皆が戻るのを待っていた。

すると、B子と一緒に後部座席にいたCが「おい、どうしたんだよ」と言っている。様子を見ると、CはB子の肩を後ろから掴んでいるのだが、その肩が車の中から見ていても分かるほどに震えている。確かに夏も終わりに近づき、気温は徐々に下がっていた季節ではあったが、まだ身震いするほど寒くはないはずだった。

様子がおかしい。

Cがさらに強く名前を呼んでも、B子はまるで反応を見せない。段々とガードレールを掴む手に力が入っていくようで、金属へ爪を立てた時の嫌な音が響きだした。

「おい！　ちょっと来てくれ！」

Cがそう声を上げたのを見て、助手席にいたAとともにKも車を降りてB子の元へと駆け寄った。

B子は物凄い力でガードレールを掴んでおり、暗い谷の下の方を物凄い表情で睨みつけていた。その身体は、男三人がかりでも引き剥がせなかったという。

さらにB子の口は強い力で噛み締めているようで、血が滴っているのが見て取れた。強い歯ぎしりの音が聞こえていたが、果ては獣が威嚇《いかく》するような唸り声を発しだした。

そのB子のあまりに尋常でない様子に戦々恐々としてしまった男三人は、情けないことにその場に立ち尽くすことしか出来なくなった。

しばらく経つと、いきなり糸が切れた人形のようにB子が倒れ込んだ。意識を失ったようだった。

三人は急いでB子を後部座席に運び込むと、急発進させた車で家の近くまでかっ飛ばしたという。

行き慣れたコンビニの駐車場に車を停めてしばらくすると、B子が目を覚ました。

先程までのおかしな様子はなくなり、普段の調子に戻っていたそうだが、当のB子はその時のことを何も覚えておらず、ただずっと寝ていただけだと主張した。

三人は恐ろしくなり、何も知らないB子を怖がらせないように、このことは黙っておこうと決めたという。


後日、Kが調べたところによると、あの峠道の途中で、昔、何かの工事で作業員が多数亡くなった現場があるとのことだった。そしてそれを祀る慰霊碑のようなものもあるらしく、それがあの休憩した場所の辺りだったらしい。

この話に加え、そこは谷になっているために色んなモノが流れ着き、そこから抜けることができないでいると考えられ、地元の人間たちから「吹き溜まり」と呼ばれている場所なのだという。

「でも仮に、その亡くなった作業員の幽霊が取り憑いてたとかだったとしても、なんだか納得できないんですよね――」

Kはそう語っていた。

「だって、人間じゃあ到底、真似できませんもん。あんな表情」

そりゃ、アレだよ

飲食店で働く後輩、Fが体験した話である。

Fが勤める店は夜の二十一時半がラストオーダーで、その後二十二時、遅い時は二十三時で閉まるという。バイトの高校生などは二十二時を超えての就労はさせられないので、繁忙期になるとFや店長を含めた四人が、最後まで残る「居残り組」だったらしい。

その夏もありがたいことに繁忙期を迎え、クタクタになった四人でいつも店の閉め作業を行っていた。

ある時、いつにも増して忙しい日があった。

その忙しさの中でも学生バイトは帰さなければならず、四人でなんとかその後の業務を回し、最後の客が帰る頃にはもう誰も口もきけないほど疲れ切っていた。

特に会話もなく、重苦しい空気の中、なんとか閉め作業を終え、互いに「お疲れ様でしたぁ」と覇気《はき》のない挨拶を交わしながら四人は外に出る。

その時、何気に振り返ったFは、店内に人の姿を認めたという。

窓から入ってくる隣接する道路の街灯の明かりと、店内の非常灯の仄《ほの》かな明かりで薄暗い中、真っ黒い何かがサササッと動いて死角に入り込んだ――気がした。

思わず「えっ？」と声を上げて、閉めようとしていた扉を止めると、もう一度店内の奥に目を凝らしてみたが、誰もいない。外では店長と他の二人が妙な顔をしている。

スタッフは全員ここにいるはずだ。もう店内には誰もいないはずなのに――。

「どうした？」

店長にそう訊かれ「いや、今……」と言いかけながら店内を指差すと、女性スタッフのSさんが先に口を開いた。

「私も見えた。今あそこに誰かいたよね？」

Fは激しく頷いたが、店長ともう一人が「いやいやいや」と頭を振った。

「あそこは……四番テーブルかな？」

Sさんが店を覗き込んで言うが、店長は「四って不吉だなぁ」とかブツブツ言いながら扉を施錠した。

「女の子だったよね？」

Sさんが見たものを訊くので、Fは今一度見えたものがどんな風だったのか考えた。

真っ黒い影、見えた瞬間隠れた、頭の左右にお下げが見えた。それは全てSさんが見た人影と同じだった。

「ああそりゃ、アレだよ、座敷童《ざしきわらし》だよ。今日は特に忙しかったからな。ありがたく思っとけ」

店長はそれだけ言って、さっさと帰っていった。

確かに今日は忙しかったし、余計なことに脳を使う余力がもう残されていなかったため、あまり気にせずその日は解散したそうだ。

「帰ってから風呂に入ってる時、思い出したんですよ」

Ｆはそう言って身を乗り出して話し始めた。

「座敷童って、なんとなく穏やかに笑ってるってイメージですよね？」

「普通はそうだと思う。住み着いた場所に何かしら益をもたらすものだからね」

私がそう返事をすると、Ｆは眉をひそめた。

「じゃあ、なんで怒ってたんでしょう？」

Ｆが風呂に入りつつ、先ほど店で見たものを思い出そうとしていると、急にハッキリと霧が晴れるように、薄暗闇の中、死角に消えたその顔が思い出せたのだという。

Ｆに気付いて、ササッと身を隠したその人物の顔。

鬼のような形相でこちらを睨む、年老いた女の顔だったという。
話を聞いてからしばらく経った後、その飲食店は廃業したと聞いた。
その時すでにＦは他店に転職しており、「働き続けなくて良かった」と安堵していた。

我妻俊樹

だりさわ

十五年ほど前のこと、沙智子さんは出張で九州の某市を訪れた際にちょうど台風の直撃を受けた。

帰りの飛行機が欠航してもう一泊していくことになったのだが、同じように足止めされた人が多かったのか、前日まで泊まっていたホテルを含めてどこも軒並み満室になってしまっていた。出足が遅れたことに焦りつつ片っ端から電話していくと、ようやく一軒のホテルで予約が取れたという。

さっそく大雨の中タクシーで移動すると、そのホテルは繁華街から離れた川のほとりにぽつんと建っていた。フロントで手続きをしてキーを受け取り、エレベーターに乗り込む。部屋はホテルの外観の古ぼけた印象とは違って小ぎれいで、ひととおりの設備やアメニティグッズもそろっていた。ほっとして沙智子さんは化粧を落としシャワーを浴びると、ベッドの端に腰かけて買ってきた缶ビールの蓋を開けた。

テレビで台風情報を見ながらぐびぐびと喉を鳴らしていると、ふっと部屋の空気が変わったような気がしたそうだ。

空調のせいかな、と思って吹き出し口に手をかざしたりしていたら、今度は足元にひやりとした感触があった。

見れば、スリッパと裸足《はだし》のかかとのあいだに何か挟まっている。取り出してみたらそれは沙智子さん自身の免許証だった。ふだんは財布に入れてあって今日も取り出した覚えはない。シャワー中に誰かが部屋に侵入した？　と一瞬疑ったが、それにしてもスリッパの上に置かれていたら履くとき気づくはずだ。

周囲を見回したが当然ながら部屋には誰もいなかった。念のためにドアの施錠やクローゼットも確認して、ベッドにもどってきて腰かけたとき耳元で声がした。

『だりさわ？』

そう聞こえたという。

沙智子さんは驚いて振り返ったが誰もいない。隣の部屋から聞こえたのだろうか、壁が薄かったとしてもあんなにはっきり近くでしゃべったように聞こえるはずがない。そう思って気味が悪くなり、そわそわと落ち着きなく部屋の中を歩き回った。

部屋を替えてもらうことも考えたが、そもそも空室がない可能性が高い。沙智子さんがチェックインしていたとき後から入ってきた男性が断られていたような気がする。

『だりさわ、さーん』

今度はそう声がして、続けて床を踏み鳴らすような音がパタパタとした。

思わず悲鳴を上げそうになったとき、

『はーい』

そう窓のほうから声がして、激しい雨を浴びているガラスのむこうに顔が現れた。

たしかに顔なのだが、そこにいるものの顔ではなく映像のように見えたという。

まるで窓のむこうから映写されているような窓枠いっぱいの巨大な女の顔が、笑っているのか怒っているのかわからない表情で口角を上げていたのだ。

すると床の足音がパタパタパタパタ、と窓のほうに近づいていって、そのまま窓を通り抜けるとかすかに聞こえる雨風の音に混じって聞こえなくなった。

同時に窓の顔がすーっと雨に溶けるように薄れていく。

完全に消える直前に、もう一度『はーい』という小さな声が聞こえてきたという。

部屋にはさっきまではなかったはずの甘いココナッツのような匂いが漂っていた。

「今の顔がだりさわなんだな、よかった、わたしじゃないんだ」

そう思いながら沙智子さんはぐったりしてベッドに倒れ込んだ。

怖さよりもほっとした気持ちの中で次第にまどろんで、その晩は不眠気味の彼女には珍しいほどぐっすりと朝まで眠れたそうだ。

ヨシクラ

二十年ほど前の冬の話。和武さんは、友達数人と遊びにいった湖畔でこんな体験をした。

「観光地としてはだいぶ寂れたところで、季節も季節だし人が全然いなかったんですけど」

その閑散とした遊歩道沿いにぽつんと一軒の土産物屋が建っている。昭和中期にタイムスリップしたような煤《すす》けたたたずまいの店構え、屋号の薄れて消えかけた看板の下に、チープで派手な置物やキーホルダーなどが並んでいた。和武さんたちがやがやと店先を冷やかしていると、中から体を密着させた一組の中年男女が出てきたという。今しがたまで客はおろか店員の気配も感じなかったので驚いたが、男女は妙にべたついた空気をまとわせて彼らの前を通り過ぎていく。

「それが絵に描いたような不倫カップルっていうか。まあ実際どうかわかりませんけど印象としては完全に不倫にしか見えない二人で。しかも当時のおれたちから見て完全に親世代ですからね、思わず無言になってじっと目で追っちゃいましたよ」

だがカップルはぶしつけな視線をまるで気にする様子もなく、二人だけの世界に没入しているようだった。互いにねっとりと視線を絡ませながら、時おり耳元で何事か囁《ささや》き合っている。お世辞にも美男美女とは言えず、体の線が崩れた白髪混じりの男女のいちゃつきぶりは妙に生々しい。和武さんはどう反応していいかわからず黙って友人たちと目を見合わせた。

二人の姿が遊歩道の死角に消えたとき、和武さんたちは緊張の糸が切れてたまらず爆笑してしまったという。だが一人だけ笑わずに、カップルのほうへは目もくれず店の奥をじっと見つめている友人がいる。「この店、なんか変だぞ」彼はそう言って店の中へ入っていってしまった。たしかに店先のいかにも土産《みやげ》物屋らしい下卑《げび》たにぎやかさと違って、中はがらんとしてあまり物がない。和武さんも店内に足を踏み入れた。すると奥へ行くほど荒れているようで、ガラスの割れたショーケースなども目に入る。「ここって営業してないんじゃない?」「ていうか奥のほう完全に廃墟だろ」などと話していると、どこかで電話のベルが鳴りはじめた。

黒電話らしいジリリリ……という音だが、電話機は見あたらない。建物の奥の、住居か事務所になっている場所で鳴っているのだろう。誰も出ないまま鳴り続けていて、どうやら本当に誰もいないようだ。店の人のふりして電話に出ちゃおうか？　などとふざけて話していたら、いつのまにか店の戸口にさっきのカップルがもどってきてじっとこちらに視線を向けている。驚いて固まっている和武さんたちに向かって、カップルの女性のほうが先ほどまでとは打って変わった刺々《とげとげ》しい目つきでこう怒鳴《どな》った。

「電話に出られちゃ何もかもおしまいなんだよ！」

するとベルはぴたりと止んで、店内はしんと静まり返る。見れば女性は満足げな顔で腕組みしているが、横から男が怯えたように女に向かって囁くのが聞こえてきた。

「ヨシクラのやつが、電話に出たんじゃないか？」

するると女の顔がみるみる険しい表情になる。

「ヨシクラさんは去年死んじゃったじゃない」

「もちろんわかってるさ、そんなことは」

「あんたも葬式出たじゃないの」

「そのはずだよ、たしかにそのはずだけど」

「だけど、なんなのよ」

「相手はヨシクラだぞ、そう簡単にはいかないんじゃないか」

「どういうこと？」

「後輩のアキモトがヨシクラの乗ってる車を見たって言うんだよ」

「……」

「ついこないだの土曜日だぞ、パチンコ屋の駐車場をぐるぐる回ってたんだって」

「……」

「何十周もして、それでもまだ全然停まらないんだってよ」

「……」

「っていうことはやっぱりヨシクラは……」

「ちょっとあれ見て」

女がそう言ってこちらを指さしたので、和武さんがぎょっとして振り返ると店の奥のガラス戸に人影が浮かんでいる。むこう側に小太りの男性が立ってガラスに体をぴたりとくっつけているように見えた。

その男性の頭の部分が、どこがどうなっているのかわからないほど変形していて、頭髪らしい黒と血のような赤がまだらになった状態でガラスにぎゅっと押しつけられてきた。

ぎゃあ、と叫び声を上げながら和武さんたちが我先に出口に向かうと、カップルはすでにそこにいなかった。遊歩道を駐車場まで逃げていく途中で友達の一人がカップルらしき二人の姿を見かけたが、湖畔の木立の中からこちらをじっと窺う二人は、ともに木の幹から上半身だけがにゅっと生えているように見えたそうだ。

春になってから和武さんは今度は一人でふたたび湖畔に来てみた。あの土産物屋があったはずの場所は更地になっていて、少し離れた場所で営業していた別の土産物屋のおかみさんに話を訊くと、取り壊されたのは一ヶ月ほど前だがもう五年以上前から店は閉まっていたし、住んでいる人も誰もいなかったはずだと言われる。

だからたぶん、あの日店が開いてたって時点で何かおかしなことになってたんですよ、あのカップルも幽霊だったんですかねえ、そう和武さんは語った。

私の絵

史人さんはイラストレーターの仕事の傍ら、以前個人経営の塾で講師のバイトをしていたことがある。

ある日、一人の女子生徒から奇妙な話を聞かされた。彼女が通っているのは歴史のある古い公立中学校で、最近老朽化した校舎の建て替え工事が行われたらしい。

そのとき取り壊した校舎の中に、生徒はもちろん、先生方も存在を知らない隠し部屋のようなものが見つかったのだという。

人が数人立つのが精一杯の非常に狭い部屋で、中には机と椅子が一組だけ置いてあった。昔教室で使われていたのと同じものだと思われる。まるで生徒一人を閉じ込めておくためにあるような部屋。

入口がふさがれていたから誰も存在に気づかなかったわけだが、その入口も廊下側ではなく、裏庭から直接出入りするようにつくられていたらしい。

なんとも不可解な話だけれど、あくまで噂である。女子生徒はこの話を他の生徒から聞いたと言い、他の生徒もまた別の生徒から聞いていた。火元になっている生徒は「部活の顧問の先生が、他の先生と校庭で立ち話してるのを盗み聞きした」と言い張っていたようだ。つまりきわめて信憑性に乏しい話で、史人さんは面白いと思ったものの、噂にかかわっている生徒のうち誰かの作り話だろうなと思ったそうだ。

二週間ほど経った雨の日のこと、史人さんは図書館へ行ってイラストの資料にする大判の写真集を何冊か借りてきた。

本の入ったリュックを濡らさない角度に傘をさしているので、そのぶん顔や体に雨を浴びてしまう。時々ハンカチで拭いながら歩いていると、最近何かを取り壊したらしい十メートル四方ほどの空き地が目に入った。

その土地の真ん中に机と椅子が一組置かれている。子供の頃学校の教室にあったような机と椅子だ。史人さんは塾の生徒に聞いた話を思い出し、なんとなく気になって空き地に足を踏み入れてみた。近くで見ると、机の中に何か入っているような気がする。きっとゴミだろうし、触ったことを後悔するようなものかもしれない。そう思っているのに手が勝手にのびて、机の中を探ってしまった。

するとざらついた感触のものが指にふれた。掴んで引っ張り出すと、それはくしゃくしゃに丸められた画用紙だったという。

ひろげてみると水彩絵の具で描かれた女の子の絵があった。デッサンの狂った、体が右にぐにゃっと曲がったようなセーラー服の絵をしばらく眺めていたら、急に「これは本当は見てはいけないものだ」という気がした。理由のよくわからない悪意のようなものを絵から感じとったらしい。史人さんはびしょ濡れになった紙をあわてて机の中にもどすと、すぐにその場を退散した。


次に塾に出勤した日、授業の前に先日の女子生徒が史人さんを訪ねてきた。

「先生、私の絵を拾ったでしょう?」

女子生徒はそう言うとにやにや笑っている。初め史人さんは何を言われているのかわからずぽかんとしていたが、

「ほら、雨の日に拾った絵。あの絵のモデルって私なんですよ。でも先生は気に入らなかったみたいですね、捨てていっちゃうなんて」

女子生徒はそれだけ言うと、史人さんの返事を待たずに控室を出ていってしまった。

史人さんはようやくあの日の絵のことを思い出したが、絵の女の子は女子生徒とはまったく似ていなかったし、そもそも制服が違うのだ。絵の女の子はセーラー服だった。女子生徒は制服のまま塾に来ていたが、着ているのはブレザーだ。

それにしても彼女はどうして自分があの絵を見たことを知っているのだろう？　史人さんは気味が悪くなった。やがて授業の時間になったのでおそるおそる教室に行くと、先ほどの女子生徒の姿は見あたらず、授業が終わるまで教室にもどってくることもなかった。しかもそれきり彼女は塾をやめてしまったようで、二度と姿を見かけなかったそうだ。

親子

三雄さんは幼い時分、家の近所に同じくらいの年の子供がいなかった。

だから小学校に上がるまでは、一人で遊ぶことが多かったそうだ。家の周りは畑や林だったので、遊ぶ場所には不足しなかった。だが一人で遊んでいても飽きてしまう。誰か遊び相手が欲しい。

そう思っていたら、あるとき畑の中にある祠《ほこら》の横に男の子が立っていた。同い年くらいに見える。三雄さんはうれしくなって、近づいていって声をかけた。男の子は祠を指さしながら、自分は今ここから出てきたんだ、という意味のことを言った。大人みたいな口調と言葉遣いだったように思う。祠はとても小さいので、とてもそこから出てきたりはできそうにない。そう思ったけれど、遊び相手を見つけた嬉しさが勝って、どうでもいいことに感じられた。

三雄さんは男の子を連れ回して、林の中を探検したり、川原できれいな石を拾ったりした。男の子は素直にどこへでもついて来たけれど、口を開けば大人みたいな難しい話をするので、三雄さんはあまり楽しくなかった。だからなるべくしゃべらないようにして、黙ってたとえば川で石を投げて水切りの手本を示したけど、男の子は真似をして、たちまち三雄さんよりうまく水切りをしてみせた。蝉やカブトムシを捕るのも同じだった。三雄さんよりたくさんの虫を捕まえてしまう。小川も簡単に跳び越えるし、三雄さんがいつも手こずっている木にもするすると登ってしまう。

ますます面白くなくなって、三雄さんは「もう帰る」と言った。すると男の子も一緒に来た道をもどってきて、最初に出会った祠の前にさしかかった。男の子は三雄さんと別れて祠のほうへ歩いていく。ここで三雄さんはさっきの、祠から出てきたという男の子の言葉を思い出す。だったら祠の中に帰るってことだよな、と意地悪な気持ちになり、三雄さんは立ち止まって見守ることにした。

男の子は祠の前に立った。じっと見下ろしている。祠は彼の腰の高さくらいしかない。膝を抱えたって入れないはずだ。だが男の子はその場に膝をついて、両手を祠に向かって差し出す。すると祠から二本の腕がぬっと飛び出てきて、男の子を抱えるとそのまま祠にずるずると引きずり込んでいく。驚いた三雄さんは駆け寄って男の子の両足を掴んだ。祠の中と三雄さんで引っ張りあう形になり、男の子は痛い痛いと悲鳴を上げる。必死で引き戻そうとしていたら祠から飛び出している両腕の持ち主と目が合った。その瞬間、三雄さんはこの〈綱引き〉を続ける意欲を失ってその場にへたり込んだ。

そのとき祠から覗いていた顔は、髭に覆われた丸い輪郭の真ん中に巨大な目がひとつだけあったそうだ。それは三雄さんが遊んでいた男の子とそっくりな顔だった。男の子の顔を大人にして髭を生やしたらきっとああなるだろう。それまでなぜかまったく気にしていなかったけれど、突然三雄さんは男の子の顔のことも怖くてたまらなくなってしまっていたのだ。

男の子――一つ目小僧は祠の中に完全に吸い込まれて、ばたんと扉が閉じた。

三雄さんは家に逃げ帰り、泣きながら今あったことを話したが家族は笑って聞くだけで誰も信じてくれなかった。

大人になってから地元の人たちにも何度かこの話をしたが、似たような体験をしている人は誰もいなかったとのことである。

川を歩く

河童《かっぱ》に関する怪談をたまに聞くことがある。つまり古い言い伝えとしてではなく、直接その人が河童を目撃したという体験談だ。それらは何か水辺で起きた怪異に河童という自分の知っている名前を与えただけのようにも思えるし、そもそも妖怪とはそういうものだとも言えるのかもしれない。


絵里奈さんも学生時代に河童に遭遇したことがあるという人だ。

彼女によれば、当時住んでいたアパートの近くの川では時々、夜中に誰かがざぶざぶと水の中を歩く音がした。住宅街を流れる小さな川だし、それを聞いてすぐに河童を連想したわけではなかった。当然ながら、誰か物好きな人が、あるいは特殊な理由のある人が川に入っていると思ったのだ。いずれにしても、わざわざ現場に確かめにいくようなことではない。何か犯罪にかかわるようなことであれば危険だし、近所には他にもたくさんの人が住んでいるのだから、誰かが見にいったり通報したりしているかもしれない。

そう思ったけれど、足音はそれからも聞こえ続けた。毎晩ではないようだが、聞こえるときはきまって夜中の三時過ぎだということもわかった。ぴったり同じ時刻のような気もしたが、もしそうだったら嫌だなと思って、あえてたしかめないようにしていた。

ある晩、絵里奈さんは友達の部屋に泊めてもらった。飲み会で遅くなって、終電を逃したもう一人の子と一緒に繁華街近くに住む友達に世話になったのだ。部屋でも少しお酒を飲んで、近所迷惑にならないよう小さな声でおしゃべりをする。やがてもう一人の子は寝てしまい、部屋主の友だちと二人で趣味の音楽の話をしていると、外からざぶざぶという水の中を歩くような、聞き慣れた音が聞こえてきた。

驚いた絵里奈さんが指摘すると、そういえば何か聞こえるねえ、と友達も言う。聞けば絵里奈さんのアパートのそばを流れる川の下流が、建物のすぐ裏を流れているようだ。時計を見ると四時過ぎで、いつも聞いている足音がそのまま川を下ってくればこれくらいの時刻になるような気がする。

絵里奈さんに事情を聞いた友達は「どんなやつが歩いてるのか、見にいってみようよ」と言い出した。酔って気が大きくなっているし、友達が一緒ということもあってこのときは絵里奈さんも乗り気だった。

ぐっすり寝ている友達は起こさずに、二人は部屋を出て川に向かう。川べりには道があって、歩いていくとちょうどざぶざぶという足音を追いかけるかたちになった。水面は暗くてよく見えないが、足音に追いつく頃にちょうど街灯が川を照らし出す。浮かび上がった人影は、小柄で女の人のように思える。なんだか意外に感じて、二人はその人を一気に追い越して前から顔を見てみた。

するとそれは、部屋で寝ているはずのもう一人の子だったのである。

ちょっと何してるの、と叫びそうになって絵里奈さんは言葉を飲み込んだ。着ている服も髪型も背格好も、たしかに部屋でぐっすり眠っているはずの子だし、目元を見ても本人に違いない。にもかかわらず、それはその子じゃないばかりか人間でもなかった。口が鳥のくちばしのように前に突き出していて、まるで実在の子の顔をフォトレタッチで加工したみたいな異様な顔だ。

ぞっとして立ち止まった絵里奈さんたちに気づいていないのか、友達に似たものはざぶざぶと音をたてて川の中を遠ざかっていく。途中でふいに消えたりはせず、沿岸から繁った木の枝に隠れて見えなくなるまで、ずっと同じように歩き続けていたのだ。

絵里奈さんたちが部屋にもどると、寝ている子はタオルケットの下でさっきまでと同じ姿勢で体を丸めて寝息を立てている。あまりにぐっすり寝ていて揺り起こすのに苦労したが、ようやく不機嫌そうに目を開けたその子は、今まで河童の背中に乗って気持ちよく川を泳ぐ夢を見ていたのだと言った。それを聞いて絵里奈さんは、さっき見た異様なものは河童だったのだとようやく納得したのである。

だがなぜ河童が友達そっくりの姿をして川を歩いていたのかはわからない。友達も河童の夢を見たのはそのときが初めてだと言っていた。もし今まで聞いていた足音も河童のものなら、毎回誰か実在の人間の似姿になって歩いていたのだろうか。そして姿を盗まれた人は、そのつど河童と遊ぶ夢を見ていたのだろうか。

もう一度たしかめてみたいと思ったけれどその晩以来、絵里奈さんが深夜に川を歩く足音を聞くことはいっさいなくなってしまった。

小田イ輔

凧

現在四十代の男性、A氏から伺った話。

今から三十数年前、当時、彼は小学六年生だった。

「その日も仲の良いやつら数人と、いつも通り一緒に下校してたんです」

田畑の間に住宅が並ぶ田舎道を賑やかに歩いている最中、A少年はふと気付いた。

「真っ白で四角いものが空高く浮いていました」

「なんだあれ」と指さすと、周りの友人達もそれぞれに空を見上げる。

視線の先には、青空を背景に悠々《ゆうゆう》と滞空している白い長方形。

「凧《たこ》かな?」

誰かがそう言うや否や、少年たちは一斉に走り出した。

「近くであげているんだろうから、そこまで行ってみたくなったんですね、でも——」

どうしたことか、走っても走っても、凧をあげている人が見当たらない。

空を見ながら小一時間駆け回ったものの、結局、諦めるしかなかった。

「凧あげなんて、田舎でもそうそうやらなくなっていたので、残念だなぁと」

次の日、登校時に空を見上げると、それは前日と同じように浮いていた。

「え、まだあがってる、と思って」

道すがら合流してきた昨日の連中も既に気付いており、空を気にしている。

「でも、妙だったんです」

彼らはクラスメイトや下級生などにも凧の存在を教えてあげたのだが、誰一人として、それが見えるとは言わなかった。

「おかしいんですよね、ハッキリ見えているのに、他の子供達は首捻《ひね》って『えー？　なんにも無いよ』って、そんな具合で」

しかし考えてみれば、朝っぱらから凧あげというのも変ではあった。

「かなり高いところを飛んでいたので、なんとなく大人があげているんだろうなとは思っていました、だけど、それにしても昨日の今日で、朝早くから凧あげなんてするかなと」

更に妙なことが起こったのは、教室に入ってから。

「僕は窓側の席だったんですけど、授業中に外見たら浮いてるんですよね、凧」

校庭の上空にたなびく、真っ白な長方形。

「当時は驚いただけでした。でも今考えると位置関係がおかしい、長方形に見えたってことは僕の真正面を向いていたわけですから、校庭とか、学校の屋上から揚げてでもいなければ、ああいう凧には見えないはず」

極めつけは、その後、休み時間でのこと。

「『おい、凧見えるぞ』って、昨日の連中に教えてやったんですが……」

ついさっきまで凧を気にしていた仲良し達までもが、怪訝《けげん》な顔をA少年に向け「見えない」と言った。

その日、凧は一日中校庭の上空にいた。

下校時にも前日と同じぐらいの場所に浮いていたのだが、やはりA少年以外には見えなくなってしまったようで、仲間内から凧の話題は出なかった。

「話してて思ったんですけど、それもやっぱり変ですよね、その日の朝まで見えていたものを全く気にしなくなるなんて。子供の頃のこととはいえ、おかしすぎるんだよなぁ」

嘘つき呼ばわりだけは避けたかったA少年は、自分の目に見えている白い長方形に関して、とりあえず黙っているという選択をした。

「それからしばらくの間、僕には毎日見えていました」

誰にも見えないらしいそれが、自分にだけ見える日々。

「ちょっと耐え兼ねて、親に訊いてみたこともあったんですけど『何言ってるの？』って言われちゃって、その時だけは泣きましたね」

それがいつ見えなくなったのか、実は定かではないとA氏は言う。

記憶の限りでは、およそ数か月は見ていたのではないかとのこと。

「孤独でしたよ、もう二度と出てきて欲しくないですね、あんな変なの」

花見の猿

Cさんは散歩を趣味にしている三十代の女性。

数年前、怖い思いをしたと語ってくれた。


休日の昼過ぎ、散歩に出かけた彼女は河川敷に差し掛かった。

季節は春、折しも桜が満開で、ハラハラと舞い散る花びらを浴びるようにしながら歩を進めていたところ、それに気付いた。

「ちょっと先、特に大きな桜の木の下に、お花見の人達がいたんです」

地面にシートを敷いた十数人が賑やかに楽しんでいる。

しかし、どうもマナーがなっていない様子に、Cさんは苛立った。

「誰かが桜の木にぶら下がってはしゃいでいました」

その人物は、ゆさゆさと桜の木を揺らしながら、まるでオランウータンの如き動きで、枝から枝へ飛び移っている。

「お酒に酔ってでもいるのか、すごく危ないなと思ったし、何よりも昼間から大人がすることじゃないですよね、あまりにも見苦しいなと」

愛着ある桜並木を穢《けが》す無法者に、注意の一つもくれてやろうかと気色ばむCさんだったが、近づくにつれ言葉を失った。

「本当に猿なんですよ、全身真っ黒で毛だらけの、猿だったんです」

彼女の弁によれば、桜の木に人間ほどの大きさの猿がぶら下がり、花見客に激しくちょっかいをかけていたらしい。

「目の前のことはいえ、当たり前に信じられなくて、最初は、よくできたコスプレなのかとも考えたんですが……」

花見の一団は高齢者が大半で、猿のコスプレをして暴れ回る人物を引き連れているようには思えなかった、賑やかではあるものの、常識的な人達のように見えたそうだ。

「すると、これ、何なんだろうって」

猿は、お花見をしている高齢者の頭を何度も叩いたり、威嚇《いかく》でもするように口を開けたりしながら、実にしつこく茶々《ちゃちゃ》を入れている。

「でも、シートに座っているお爺ちゃんやお婆ちゃんは、そのことを全然気にも留めていないようで、朗《ほが》らかなんですよ」

ニコニコと笑いあいながら、春の訪れを歓迎するかの如く、宴を楽しむ高齢者。

その真上、咲き誇る桜の木にぶら下がり、無法を働く巨猿。

「本当に、どういうことなんだろうって、理解が追い付かないんです」

人間と見間違うほどの大きな猿が市中にいるなど、日常的には考えられない。

そんなものが頭上にいるにもかかわらず、楽し気に過ごす高齢者というのも変だ。

「その場を通り過ぎながら、ええ？　これってもしかして、私にしか見えていないとか、そういうことなのかなと、思った矢先でした」

猿が動きを止め、Ｃさんに顔を向けた。思わず身構えた彼女に対し、猿は「シーッ」っと指を口に当て「黙ってて」というジェスチャーを繰り出したという。

「それで私、竦《すく》んじゃって、その場にへたり込みそうになったんですけど、とにかく早くここを離れなくちゃって、それだけ考えて逃げました」

それからしばらくのあいだ、Ｃさんは河川敷を通るのを止めた。

「突拍子も無い話を語っている自覚はあります。でも、一度そんなものを見てしまうと、また見ちゃうんじゃないかという恐怖心が勝るんです。なのでその日以降、河川敷を通っても大丈夫だろうと判断するまで時間がかかりました。はい、幸いなことに見たのはあの日だけです。ずいぶん馴れ馴れしい様子でしたし、お花見をしていたお爺ちゃんやお婆ちゃんのうち誰かにまつわる猿だったのかなって、今ではそんな風に考えています」

染み

　Mさんが小学五年生の時の話。

　夏、彼女が暮らしていたマンションで、飛び降り自殺があった。

「外で遊んでたら大きな音がしてね、何だろうと思って近づいていったら『子供は来るな！』って知らないおじさんに大声で怒鳴《どな》られて、怖かったな」

　それでも気になってしまい、後日、飛び降りがあったと思しき場所に恐る恐る行ってみると、地面に真っ黒な染《し》みが残っていた。

「あれ血痕だったのかなぁ、でも何日も経ってからだったし……普通は洗い流すよねぇ……それにさ、動いてたんだよね、黒い染み、ヌルヌルって。血痕は動かないもんねぇ。なんだったんだろうあれ」

　Mさんによれば、そのマンションでは以降数年、飛び降り自殺が相次いだという。

お化けスーパー

五十代の会社員、E氏から伺った話。

その日の仕事終わり、彼のスマホに奥さんからのメッセージが入った。

「『だし醤油《しょうゆ》を切らしたから帰りに買ってきて』と。そんでまぁ、コンビニだといつも使ってるやつが売ってないかもしれないから、どっかスーパーに寄らなきゃなんないなって」

車を運転し、郊外にあるチェーンの大型スーパーに向かったE氏だったが、途中で渋滞に巻き込まれた。

「いつも通る帰り道と違って、すごく混んでてね」

料理の途中だと思われる奥さんにできるだけ早くだし醤油を届けたいのに、これではいつまで待たされるかわからない。しびれを切らした彼は郊外へ行くのを諦め、途中で裏道に抜けると、旧市街地の方へ車を走らせた。

「すっかり使わなくなったけど、そっちにも地元のスーパーがあったから」

着いたのは時代に取り残されたような古びたスーパー。

狭い駐車場には一台の車も停まっておらず、郊外にある大型店とは比べようもないほどに寂れていた。

「俺が子供の頃には駐車場での事故が絶えないぐらい繁盛してたんだけどね。時代の波というか、こういうのはしょうがないんだろうなぁって思いながら、店に入ってさ」

懐かしい雰囲気、子供の頃に母親に手を引かれ買い物に来たことを思い出しながら、E氏はだし醤油を探した。

節電のためなのか薄暗く、彼の他には数人の客がうろついているだけの静かな店内。

いつも使っているだし醤油を手にレジを済ませたE氏は、足早に車へ戻った。

「うん、俺、間違いなくそのスーパーでだし醤油を買ったんだよ」

しかし、自宅に着き、助手席に置いたスーパー袋に目をやると、買ったはずのだし醤油が袋ごと消え失せていた。

「ブレーキのタイミングでシートの下に転がったのかなと思って、ライト当てて探してみたんだけど、どこにもなくてさ」

どういうことだろう、こんなことあるのだろうか？

すると、なかなか車から降りてこないE氏の様子を見に、奥さんが庭に出てきた。

「そんでさ『だし醤油買ってこなかったんでしょ?』って、ニヤニヤしながら言うわけ」

いや違う、だし醤油はちゃんと購入したのだが、消え失せてしまったのだ。

そんな彼を鼻で笑い「嘘つかなくていいから、今から買ってきて」と迫る奥さん。

運転中に転がってシートの下深くに潜り込んだのだろうと、再度だし醤油を探すE氏。

「無いんだよね、どこさがしても」

買ったけど無くなった、という苦しい弁明をする旦那に対し、奥さんは「じゃあどこで買ったの?」と半笑いで探りを入れてくる。

「だから俺言ったんだ、郊外のスーパーまでは渋滞で時間かかりそうだったから、○○スーパーまで行ったんだって」

それを聞いた奥さんは声を出して笑いながら「○○スーパーは半年も前に潰れたよ」と言い「もういいから、早く買ってきて!」とE氏をせっついた。

「いやさ、そんなわけないと思って、そのまま○○スーパーに戻ったら、ほんとにやってなくてね」

駐車場は鎖で塞がれており、店舗の入口には丁寧にベニヤ板まで張られていた。

「俺の頭がボケたとかじゃないいんなら、どういうことなんだろうね」

面白いことに、払った代金もまた、しっかり財布からなくなっていたそうだ。

「〇〇スーパーの建物はまだ取り壊されないであるから、たぶん中のレジには俺が払った金があるんじゃないかと思うんだ。どうにかして確かめられないかなぁ。あと会計は釣銭のないように払ったけど、もしお釣りがあったらそれも消えてたんだろうか？　そうだとすれば小銭で払ったのは不幸中の幸いだったよね、うん」

勝ち負けで考えるドッペルゲンガー

T君は住んでいるアパートの前で、煙草を吸っている自分をよく見かけるという。

「あ、って思うと、あっちも『あ』って顔して消えるんですよ。服装なんかも自分そのものなんで、最初のうちは気味悪かったですね」

するともう気味悪くはないの？

「どうあれ見えるのも消えるのも自分自身ですからね、自分を気味悪がっても仕方ないんで、平気になりました」

それが、いわゆるドッペルゲンガーなのだとすれば、よく死期が近いとか、死の前兆とか言われているけれど、それは？

「大学入って間もなくから見始めたんで、もう三年ぐらいは断続的に見てるんです。その辺はもちろん気にしたこともありましたけど、死んでないですね、今現在」

すると、見えてしまうだけで特に今のところ問題はない？

「いや、こっちの世界では俺が俺として俺の主導権を握っていますけど、もしかしたらアレが俺として主導権を握っている別な世界ってのもあって、俺等はたまたまそれが交差しやすい星の下に生まれてきたんじゃないか？　みたいな、ドッペルゲンガーの解釈そのものに関わる問題があります。あとはそれを世間がどう意味付けするかっていう」

つまり、どういうこと？

「だから、俺の世界の俺は俺だし、アレの世界の俺はアレなんすよ。俺もアレもコピーのようなものではなく、それぞれの世界において本物なんです。でも俺等は本物同士であっても、それぞれの認識においては互いにドッペルゲンガー的にしか存在し得ない。これまでのことを踏まえれば、せいぜいがアパートの前で顔合わせるぐらいなものなので」

頭がこんがらがってきたが、なるほど、それで？

「お互いが本物であるのなら、死の予兆としての機能とかあり得ないんですよ。なので、予兆ってのがどのぐらいの期間有効なのか知りませんが、世間的には二十代で死ねば早死にですから、俺が仮に二十代で死んだ場合『そういやアイツはドッペルゲンガー見てたな』って言われますよね絶対。俺、友達にも言ってるんで。だとすれば結果的に死の予兆だったたってことになるじゃないですか？　お互いにそういうつもりはなくても」

それは、そうかも知れない。

「なので、結果的にであれ、そう認識されるのであれば、仮に早死にしちゃった場合、この世界において俺はドッペルゲンガーに殺されたみたいになっちゃうから、それは嫌なんですね、もう一人の自分に負けたようで悔しいでしょう。ひるがえってアレはアレで俺ですから、アレの世界で絶対に友達に言ってるはずなんで、アレがもし早死にすれば、俺がドッペルゲンガーとしてアレを殺したという風になるんですよ、アッチの世界では。結果的にですけども」

なるほど、なるほど？

「勝ち負けで考えることじゃないのかも知れませんけど、勝ち負けで考えれば長生きした方が勝ち。つまりアレが見えなくなるまで生きてれば俺の勝ちだと思うんですよ。ドッペルゲンガーによる死の予兆を克服したという意味で。なので俺は煙草止めました、アレはまだ吸ってるんで、事故にさえ気を付ければ、俺の方が長生きする確率が高いんじゃないかと思ってます。要はこのままいけば結果的に俺が勝つってことですね、世間的に」

T君にもT君のドッペルゲンガーにも、どうか長生きして欲しい。

黒木あるじ

戦争の朝

「おねえちゃん、おねえちゃん」

その朝——ヒメカさんは妹の声で覚醒した。

うっすらと目を開けてみれば、子供部屋はまだ薄暗い。聞こえなかったふりをして再び寝ようとした彼女を、妹が布団ごと大きく揺さぶった。

「もう……なんなのさ」

苛立ちを隠そうともせず訊ねる。どうせ「トイレにつきあって」とでも言うのだろう。妹も小学二年生なのだから、いいかげん独りで用足しくらい——。

「あれ、なに」

心のうちの不満は、震える声に遮られた。

妹は、幼い指でカーテンを指している。布地の向こうには路地があり、彼方に市街地の遠景が見えるはずだった。とはいえ、まだ夜明け前。おもては闇に包まれて——。

「え」

カーテンが鈍く光っている。ぼうぼうと明るく輝いている。

あいかわらず室内は暗い。ぼんやり浮かぶ壁掛け時計の針は、四時半を指していた。

なんなの、あれ。どういうこと。

布団から起きあがって妹を押しのけ、一瞬ためらったのちにカーテンを引いた。

「……なんで」

空が赤い。街の果てが真っ赤に焼けている。

朝焼けではない証拠に、赤色は明滅するかのように揺らめいている。ふと、キャンプの夜に見た消えかけの炭を思いだした。

炭、炎——するとあれは火事だろうか。だとしたら、よほど大規模な火災に違いない。学校は、お気に入りの文房具店は、遊ぶ約束をした友人の家は大丈夫だろうか。

呆然としながら窓の外を眺めていると、いつのまにか妹が隣に立っていた。

そうだ、この子は三つも年下なのだ。私より怖いはずだ。不安なはずだ。

「どうしたんだろうねえ」

怯えさせまいと、努めて楽観的な口ぶりで問うなり——妹が「ね」と頷いた。

「へんな音だよね」

「……おと?」

窓から妹へ向きなおる。耳をすましてみたものの、取りたてて妙な音は聞こえない。

「音じゃなくて、お空でしょ。お空が赤いんでしょ」

ヒメカさんの言葉に、妹がぶるぶると首を乱暴に振った。

「おそらはまっくらでしょ。そうじゃなくて、音がおかしいのッ」

「……どんな音がするの」

「ええとね……消防車の、もっと大きいやつ」

サイレン——だろうか。もう一度耳を欹《そばだ》ててみたが、警報の類はなにも響いていない。

けれども、隣では妹が耳を不器用に塞いでいる。

なぜ妹には見えないのか。どうして私には聞こえないのか。

意識と無関係に全身が震えはじめる。答えを探すより「これ以上深入りしたくない」という気持ちが勝った。

彼女はカーテンを指先でつまんで閉めると、獣を刺激しないよう遠ざかるかのように、窓際から後退し、布団に身を潜《もぐ》らせた。

「おいで、明るくなるまで一緒に寝よう」

誘うなり、妹が姉のふところへ飛びこんでくる。

そのまま姉妹で抱きあううち——再び睡魔に襲われ、ヒメカさんは意識を失くした。

二度寝から覚めると、すっかり朝になっていた。

明るくなった窓の外には火事の煙も見あたらず、サイレンの音もしない。

朝食の席でそれとなく両親に訊ねたが、どちらも首を傾げるばかり。学校でも同級生に訊いてみたものの、赤い空を見た者もサイレンを耳にした者も、誰ひとりいなかった。

「調べてみると、それは空襲の日でした……なんてオチがつけば綺麗なんでしょうけど、残念ながらまったく関係ない日時でした。そもそも、実家がある街は空襲の被害を受けてないんです。だから、あれはきっと〝おなじ〈なにか〉に遭遇しても、人によって〈受信するモノ〉は違う〟って話なんだと思います」

最近のニュースを見ていて、ふいに思いだした出来事──だそうである。

バス停

「そういう〝認知がどうした〟系の話だったら、俺もひとつあるけど」

おもむろにキマタさんが手を挙げた。

場所は、東北某所にあるチェーン店の居酒屋。ボックス席には私と彼、そして先述した「戦争の朝」の話者・ヒメカさんが座っている。

三月はじめ、いまだ新型コロナの収束が見通せない時期だった。本来ならばオンライン取材にとどめるべきだが、取材者みずから〝交際相手の経営する居酒屋で話をしたい〟とあっては断るわけにもいかない。いまだ客足が戻らないご時世、売り上げに貢献するのも務めだろうと思い、私は指定された居酒屋まで出向いたのである。

そして——彼女が自身の体験談を披露した直後、隣に座っている彼が冒頭の科白《せりふ》を口にしたというわけだ。

以下は、そんなキマタさんが十代のころ遭遇した出来事になる。

俺さ、[redacted]県の平凡な町の生まれなんだけど、通学路に変なバス停があったんだよな。

ほら、あんじゃん。コンクリの土台にポールが刺さってて、ブリキかなんかの丸い看板がくっついててさ。そこに行き先が書かれてるバス停。田舎だといまでも残ってんじゃん。あれが、ででんと置いてあんの。最初は気にも留めなかったよね。俺は市バスを利用することなんて滅多になかったから、無関係だと思ってたんだわ。

そしたら——ある朝、いつものように同級生三人と学校に向かってたんだけどさ。話が合わねえんだよ。ええと、最初に言いだしたのはユウジ君だったかなあ。バス停を指して「きったねえ」と笑ったんだよね。「錆だらけでオンボロだ、バス停がこんなに古いなら、バスもポンコツに違いない」って笑うんだわ。いや俺、ギョッとしちゃってさ。だって、俺が見てるバス停、別に古くもねえし錆も浮いてねえんだもの。どっちかと言えば新しい感じで——ただ、行き先が〈理科室〉って書いてんだよ。そうそう、学校にある理科室。漢字三文字。いや俺もバカなりに考えたよ。「こういう変わった地名もあるのかな」とか「でも、この町でそんな地名聞いた記憶がないな」とか。そしたら——ケンゴが。

「なにもないじゃん」

そうなんだよ。アイツよ、行き先が書いた看板なんか見えない——って言いやがんの。いやいや、汚れてるか新しいかは別として看板はあるっしょと思ってさ。そんで、残りのひとり、ショウマに「普通のバス停だよな」って、みんなで訊いたんだよ。

「看板は普通だけど……なんで柱がこんなに折れ曲がってんのかな。クエスチョンマークみたいだよ。おとなの人でも、こんなに曲げるの大変だと思うけど」

ぶったまげたね。だって全員がおなじバス停を見てんのに、まるで印象が違うんだぜ。でも、ガキだからそれ以上は探りようもないじゃん。「そのうち調べようぜ」とか適当なコトを言って、学校に行って――そのまま忘れちまったんだよな。

次に気がついたときは、バス停は最新式の四角い大きなヤツに変わっててさ。だから、アレがなんだったのか、誰の見たバス停が〈本当〉だったのか、謎のままなんだわ。

だから……バス停以外でも、ポストとか信号とか、店とか家とか……親しい人とかさ。俺たちの周囲にある〈普通だと思っていたモノ〉も、人によって見え方が違うのかもね。

それって、なんか怖いよな。オバケより全然おっかないよな。

黄丸

（電話着信あり。冒頭、二秒ほどブザーのような音が続き、唐突に声が聞こえる）

「あ……もしもし。あの、先週飲み屋で話を聞いていただいたヒメカです」

「あ、どうも。先日は本当お世話になりました」

「いえいえ、こちらこそすいませんでした。いきなり彼が意味不明な話をしたので、さぞ面食らったんじゃないかと思って」

「とんでもない。非常に興味深い話でしたよ。キマタさんとヒメカさん、カップルで似たような体験をなさってる点がなかなか面白いと思いました」

「まったく……あの人、たまにあの話をするんです」

「つまり、彼にとって十八番のネタなんですね」

「ええ。でも……毎回、中身がちょっと違ってて」

「……それは〝盛っている〟的な意味ですか」

「ううん、ちょっと違いますね。最初に聞いたのは交際をはじめた直後だったんですが、そのときには〝赤く錆びついたバス停がずっと置かれているんだけど、バスなんて一台も来たことがないんだよ〞って内容だったんです。ところが、しばらくして知りあいの飲み会で聞いたら〝深夜に満員のバスが停まるところを目撃した〞って話になって」

（一瞬、ブザー音。すぐに音声が戻る）

「あ、ええと……そのときは、相違点を指摘したんですか」

「無理でした。大勢の前で〝話が変わってるじゃん〞って言うのも、なんだか彼を嘘つき呼ばわりするみたいで。まあ……二回だけなら気にしなかったんでしょうけど」

「ということは、その後も」

「ええ。嬉しそうに話すたび微妙に違うんです。たとえばお店の常連さんには〝バス停の位置が毎日すこしずつ動くんだ。最後は知らない家の庭先にどすんと置かれて、その家の人は翌週に亡くなった〞と説明してました。あと、ウチの妹と会ったときには〝バス停の行き先が、意味不明な文字と数字の羅列になっていた。あのときバスを待っていたら、いったいどこに連れていかれたのか〞と沈痛な顔で語るしで……」

「なるほど……誤解を恐れず言いますと、キマタさんの〈バス停怪談〉はどのパターンもネット上の怪談や都市伝説に似た部分が見受けられますね。つぎはぎと言いましょうか、見聞きした怖い話をパッチワークして、そのとき思いついた〈バス停怪談〉をアドリブで拵《こしら》えている……そんな印象をおぼえました」

「そう思いますよね、普通は」

「ええ。なので……失礼ながら、もし彼が先日語ってくれた話も〈即興の創作〉なのだとしたら、掲載は難しいかなと思います。誤解や記憶違いは怪談の範疇ですが、あきらかに脳内で創った話だとしたら……今日も、それを懸念して電話をくださったんですよね」

「あ、ごめんなさい。そうじゃないんです。いま〝普通は〟と言ったのも〝普通は嘘だと思いますよね〟という意味で。けど……たぶん、そうじゃなくて」

「それは、どういう……」

（いきなり通話が途切れ、二分後に再度着信あり）

「すいません、なんか機種変してから調子が悪くて。それで、話の続きなんですけど……私、三ヶ月ほど前に彼の実家へ挨拶に行ったんです。結婚の話は出ていたものの、報告が伸び伸びになっていて。ちょうどコロナがすこし落ちついた時期だったので〝もう、このタイミングで行くしかないよね〟という話になって」

「[redacted]県でしたっけ。先日の取材でキマタさんが仰《おっしゃ》ってましたけど」

「そうですそうです。それで[redacted]に夜遅く到着して、駅から家まで歩いてたんですが……いきなり彼が〝あそこだよ、あそこにバス停があったんだよ〟って十メートルくらい先を指したんです。私も半ばウソだと思っていたので、ちょっとビックリしちゃって」

「……そこには、なにがあったんですか」

「なにも。ガードレールがあるだけの、なんの変哲もない道でした。でも……そのガードレールに、無数の黄色い丸印が書かれてるんですよ。細いペンで書いたようなマークが、〝あそこだよ〟と彼が言った場所にあるんです。なんだっけ、水玉ばっかり書く芸術家の人がいるでしょ。あれの、もっと細かい版みたいな」

「……キマタさんはその黄色い丸を見て、なんと言ったんですか」

「それが……彼は〝あ、それは別に関係ないから〟って素っ気ない反応で。興味がないというか、まるで見えていないような雰囲気でした」

「見えていない……ですか」

「バス停の話は、そこでおしまいになって。彼の実家でも話題にはあがりませんでした。翌日は彼のお父さんが駅へ車で送ってくれたので、もう一度確認することもできなくて。でも……私、ちょっと不安なんですよ。大切なものを見落としたような、見たはずなのに忘れているような……どこか腑に落ちない気持ちのままなんです。なんですかね、これ。私、本当はなにを見たんですかね」

背骨

ああ、なるほど――要するに、こういうことですか。

先日、ウチの姉が「小学生のときに目撃した、奇妙な色の空の話」をした。その際に、妹――つまり私が「おかしな音を聞いた」という情報もあなたに伝えた。

それで、さらに詳しく取材したいと思って、姉経由で私へ連絡をよこした――と。

そうですか、姉はそのように解釈していたんですね。

いえいえ、嘘ではありませんよ。たしかにあの日の明け方、音に気づいたのは私です。サイレン――たしかに、防災無線のサイレンがいちばん近い音かもしれません。あまりに大きな音だったもので、飛び起きて姉を叩き起こしたのを憶えていますよ。

で、姉はムッとした顔で起きるなり窓際へ近づくと、そのまま硬直しちゃって。反応を真横で見ていましたが、本当になにも聞こえていないみたいでした。だから、姉の証言も間違いというわけではないんですけど。ええと――なんて言えばいいかなあ。

私が怯えていた理由、ちょっと違うんですよね。

その音、姉から聞こえていたんです。背骨のあたりから、ゔゔゔゔ、ゔゔゔゔ、って響いているんです。そのたび、姉のパジャマが小刻みに震えるんです。「お姉ちゃん、どうにかなったんだ」と怖くなって、それを止めようと布団に飛びこんだんです。震える身体を必死に押さえつけながら彼女が眠りにつくまで耐えたんですよ、私。

翌朝には本人もケロッとしていたので、それ以上は詮索しませんでした。私はしばらく「またあの音が聞こえるんじゃないか」と怯えていたんですけどね。

いや、姉には言わないください。本とか読まない人なので、黙っていれば掲載されてもわからないと思いますから。いまさら真相を知ったところで、どうしようもないですし。それに、私の記憶が間違ってる可能性もありますからね。だって真実なんて確認しようがないでしょ。怪談って、そういうものでしょ。

著者紹介

我妻俊樹（あがつま・としき）
『実話怪談覚書 忌之刻』にて単著デビュー。「実話怪談覚書」「奇々耳草紙」各シリーズ、「忌印恐怖譚」シリーズ『みみざんげ』『くびはらい』『くちけむり』『めくらまし』など。共著に「FKB饗宴」「てのひら怪談」「ふたり怪談」「怪談五色」「怪談四十九夜」「瞬殺怪談」各シリーズ、『猫怪談』など。

大谷雪菜（おおたに・ゆきな）
第三回『幽』怪談実話コンテスト優秀賞入選。ウェブを中心にライターとして活動中。共著に『実録怪談 最恐事故物件』『世にも怖い実話怪談』『奥羽怪談』など。

小田イ輔（おだ・いすけ）
「実話コレクション」「怪談奇聞」各シリーズ、共著に「怪談四十九夜」「瞬殺怪談」各シリーズ、『奥羽怪談』『未成仏百物語』など。原作コミック『厭怪談 なにかがいる』（画・柏屋コッコ）もある。

旭堂南湖（きょくどう・なんこ）
講談師。「十三で十三日の怪談会」主催。東大阪てのひら怪談優秀賞受賞。「怪談最恐戦2019」ファイナリスト。著書に『旭堂南湖講談全集』など。

黒木あるじ（くろき・あるじ）
怪談作家として精力的に活躍。「怪談実話」「無惨百物語」「黒木魔奇録」「怪談売買録」各シリーズほか。共著では「FKB饗宴」「怪談五色」「ふたり怪談」「怪談四十九夜」「瞬殺怪談」各シリーズ、『奥羽怪談』『実録怪談　最恐事故物件』『未成仏百物語』など。『掃除屋　プロレス始末伝』『葬儀屋　プロレス刺客伝』など小説も手掛ける。

朱雀門出（すざくもん・いづる）
二〇〇九年「今昔奇怪録」で第十六回日本ホラー小説大賞短編賞を受賞。実話怪談では『第六脳釘怪談』をはじめとする「脳釘怪談」シリーズほか。共著に「怪談五色」シリーズ、『京都怪談　神隠し』など。

鈴木　捧（すずき・ささぐ）
【怪談マンスリーコンテスト】において、最恐賞と佳作をそれぞれ三度受賞。著書に『実話怪談　花筐』『実話怪談　蜃気楼』。趣味は山登りと映画鑑賞。

古川創一郎（ふるかわ・そういちろう）
島根県松江市在住。カフェcappary店主。怪談奇談都市伝説の個人蒐集家。怪談関係含め様々なイベントを店で開催している。共著として『出雲怪談』。

りっきぃ（りっきぃ）
「季節を詠む怪談朗読」として動画チャンネル「りっきぃの夜話」で人気を博すオカルト系Youtuber。共著に「Horror Horic School怪奇な図書室」シリーズ。

鷲羽大介（わしゅう・だいすけ）
「せんだい文学塾」代表。共著に「江戸怪談を読む」シリーズ『猫の怪』『更屋敷　幽霊お菊と皿と井戸』、『奥羽怪談』『瞬殺怪談　罰』など。

怪談四十九夜　病蛍

2022年4月4日　初版第1刷発行

編著者……黒木あるじ
デザイン・DTP……荻窪裕司（design clopper）
企画・編集……Studio DARA

発行人……後藤明信
発行所……株式会社 竹書房
〒102-0075　東京都千代田区三番町８－１　三番町東急ビル６F
email：info@takeshobo.co.jp
http：//www.takeshobo.co.jp
印刷所……中央精版印刷株式会社